Learn French With Short Stories Parallel French & English Vocabulary for Beginners

From Heartache to Academics: Clara's Resilient Journey in France

French Hacking

Copyright © 2024 French Hacking

All rights reserved. No part of this publication may be reproduced, distributed or transmitted in any form or by any means, including photocopying, recording, or other electronic or mechanical methods, without the prior written permission of the publisher, except in the case of brief quotations embodied in critical reviews and certain other non-commercial uses permitted by copyright law.

Trademarked names appear throughout this book. Rather than use a trademark symbol with every occurrence of a trademarked name, names are used in an editorial fashion, with no intention of infringement of the respective owner's trademark. The information in this book is distributed on an "as is" basis, without warranty. Although every precaution has been taken in the preparation of this work, neither the author nor the publisher shall have any liability to any person or entity with respect to any loss or damage caused or alleged to be caused directly or indirectly by the information contained in this book.

"One language sets you in a corridor for life. Two languages open every door along the way."

- Frank Smith

French Hacking

French Hacking is a revolutionary educational language learning company focused on teaching individuals how to learn French in the shortest time possible. Our mission is for our students to develop a command of the French language by utilizing the hacks, tips, and tricks included in the learning materials we create. We want our students to become confident in their speaking abilities as they advance their conversational skills by teaching what's necessary without having to learn the finer details that don't make much of a difference or aren't even used in the real world.

Unlike our competitors, who have books geared toward multiple languages, our language learning books are dedicated exclusively to learning French. Our focus on only one language allows us to truly concentrate on creating superior educational materials.

Our books are created by native French speakers and then put through a vigorous editing process with two more native French editors and proofreaders to ensure the highest quality content. Rest assured that you are learning proper grammar and syntax as you read through our books.

The unique formatting of our books will give you the best experience possible as you learn French! The bilingual English and French text appear side-by-side for easy reference without needing a dictionary. With fun images for each chapter, you will better visualize the scenes within the story and stay engaged. Reading is an immersive experience, and we want to make learning fun and enjoyable.

There are no other books like ours on the market. Let us help accelerate your journey to learn French with our fun and effective educational materials that make learning French a breeze!

About this book

This book offers a distinctive approach to mastering French through an immersive experience, blending delightful storytelling with a practical learning format.

As you embark on this adventure, you will notice that each chapter is presented twice: once in French alone and once in parallel text with side-by-side translations, featuring the original French text alongside its English counterpart. Our goal is to provide you with an authentic and engaging way to learn French as it is spoken and written.

We want to highlight that the English translations are crafted from the original French, focusing primarily on conveying the meaning and essence of the text. This means that, at times, the translations might not follow the typical structures or idioms of standard English. Such instances are intentional, aiming to give you a deeper understanding of the French language, including its unique expressions and nuances.

This method encourages you to think in French, rather than simply translating words. As you progress through the stories, you will find yourself naturally grasping the French language, appreciating its beauty, and understanding its context more clearly.

Who's it for?

This book is written for students who are just starting out, all the way to intermediate French learners (if you're familiar with the Common European Framework of Reference - CEFR, it would be the equivalent to A1-B1).

Why you'll enjoy this book

- Not a kid's story, they have too many wizards and animals that you don't use in everyday speech.
- The story line is interesting and something you can relate to, unlike children's books.
- There is relevant vocab you can use right away which will motivate you to read more.
- No dictionary needed as there are easy to follow translations next to each paragraph.

How to get the most out of this book

1. Read the chapter all in French and see how much you can pick up on.
2. Read the side by side French/English section to fill in any gaps you weren't able to understand.
3. Download the audio and have a listen.
4. Listen to the audio while simultaneously reading the story.

BONUS!

Enhance your learning experience with a complimentary Audiobook and PDF of this book! Discover the details on the back page.

Table of Contents

Main characters 1
1. C'est une fille !.. 2
2. Clara et Julien se séparent 14
3. Céline et Christophe, enfin ensemble 25
4. Révisions et stress intenses 36
5. Week-end à Cannes pour le festival 48
6. La fête de la musique 59
7. Les partiels de fin d'année 71
8. C'est la fête : la fin de l'année universitaire ! 82
9. Week-end relax entre copains.. 93
10. Journée entre amis et musée des frères Lumière 104
Bonus 1 116
Bonus 2 118
Answers... 131

Main characters

The French family:

1. C'est une fille !

Avec toutes ces activités, avec la fac, avec les copains, le déménagement, le chien... Les filles avaient presque oublié : Isabelle, la **belle-sœur** de Céline, la copine de son frère Marc, **attend un bébé** ! Et au premier juin, Céline reçoit un texto de sa mère alors qu'elle est à la fac :

« Isabelle est à la maternité. Je te **tiens au courant**. Tout se passe bien, je file là-bas. »

Céline **tombe de haut** : le bébé n'était-il pas prévu pour juillet ? Elle recompte dans sa tête, oubliant le cours magistral auquel elle devrait faire attention. Eh non, c'est bien ça, début juin ! Quelle nouvelle ! On va enfin savoir, garçon ou fille ? Céline est prise d'une grande émotion, **soudainement**. Elle va être **tante** ! Son frère va devenir papa ! Ses parents vont être des grands-parents... Elle écrit un texto à Clara. Le professeur la voit avec son téléphone et la reprend immédiatement :

« Dites-moi mademoiselle, on écoute le cours ou on envoie des textos à ses **potes** ? lance-t-il, moitié **moqueur**, moitié **énervé**.

- Ah, non monsieur ! C'est un bébé qui arrive dans la famille au moment où vous me parlez ! s'exclame Céline, l'air un peu **sonné**. »

Belle-sœur (f) (nom commun) : sister-in-law
Attendre un bébé (locution verbale) : to expect a baby, to be pregnant
Tenir au courant (locution verbale) : to keep [sb] up to date
Tomber de haut (locution verbale) : to never see it coming
Soudainement (adverbe) : suddenly
Tante (f) (nom commun) : aunt
Pote (f, m) (nom commun) : friend
Moqueur (adjectif) : mocking, teasing
Énervé (adjectif) : irritated, annoyed
Sonné (adjectif) : stunned

Toute la salle se met à rire et à **applaudir**. Le professeur rit aussi, et reconnaît que c'est une bonne raison de regarder son téléphone, pour une fois. Les applaudissements font rougir Céline : ce n'est pas elle qui est en train d'**accoucher**, **tout de même**... Le professeur reprend son discours et Céline essaye de suivre, son téléphone posé devant elle. Elle arrive à se concentrer à nouveau, et elle prend des notes tout en pensant à Isabelle et Marc, probablement tous les deux à la fois heureux, inquiets, impatients. C'est l'un des plus beaux jours de leur vie, Céline se sent bouleversée pour eux.

Après quelques minutes à peine, le téléphone de Céline vibre **ostensiblement** sur sa table. Les yeux se tournent tous vers elle, et le professeur l'interroge du regard :

« Tout va bien, Céline ? demande-t-il, souriant.

- Attendez... C'est une fille ! dit Céline, des **sanglots** dans la voix. C'est une petite fille ! »

La salle de cours retentit à nouveau d'applaudissements qui font rire Céline et le professeur. Elle n'a rien fait ! Mais elle est tellement heureuse. Quand les élèves se calment, le cours se termine **comme d'habitude**, et Céline envoie seulement un texto à Clara pour lui annoncer la nouvelle. Puis elle demande à sa mère : « Je fais quoi, je peux venir ? Comment va Isabelle, comment s'appelle la petite, la **maternité** est ouverte aux visiteurs jusqu'à quelle heure, je peux apporter des fleurs ? » Cela fait beaucoup de questions et Florence rappelle sa fille. C'est mieux si elle vient demain matin, Isabelle est très fatiguée, la petite fille est très jolie, elle s'appelle Marie ; oui, elle peut apporter des fleurs, mais pas un très gros bouquet, et elle peut aussi apporter des **langes**, des **doudous**, des petites choses pour la petite. Florence a l'air très,

très émue. Patrick vient de la rejoindre, et tous les deux font connaissance avec leur nouvelle petite fille.

Céline est sonnée. Clara **déboule** dès que ses cours sont terminés, elles se retrouvent dans un café près de la rue Duviard.

« Félicitations, **tata** ! lui dit Clara en souriant. Quelle journée !

- Tu m'étonnes ! J'avais presque oublié qu'Isabelle était enceinte, ça m'a fait un tel choc ! Je devais avoir l'air perdue, le prof m'a interpellée pendant le cours : toute la fac est au courant ! raconte Céline.

- Ha, génial ! s'exclame Clara. Bon, mais alors, tu y vas quand, à la maternité ?

- J'y vais demain matin, je saute les cours. C'est exceptionnel, tu comprends. Tu veux venir avec moi ? lui propose-t-elle.

- Eh bien, j'adorerais, si je ne suis pas **de trop** ? répond Clara.

- Évidemment non, tu es bête ! Tu fais partie de la famille maintenant, dit Céline.

- Bon, super. On va chercher des petits cadeaux alors ? demande Clara. »

Applaudir (verbe) : to clap, to applaud
Accoucher (verbe) : to give birth
Tout de même (locution adverbiale) : anyway
Ostensiblement (adverbe) : ostensibly, conspicuously
Sanglot (m) (nom commun) : sobbing, sob, crying
Comme d'habitude (expression) : as usual
Maternité (f) (nom commun) : maternity ward
Langes (m, pl) (nom commun) : diaper
Doudou (m) (nom commun) : baby comforter
Débouler (verbe) : to hurtle, to rush
Tata (f) (nom commun) : auntie
De trop (locution adverbiale) : too much, too many

Les deux amies partent en **quête** de cadeaux pour la petite fille dans les magasins de la Croix-Rousse. Clara trouve une petite **peluche** toute douce en forme d'écureuil avec une longue **queue**. Céline est tellement bouleversée

qu'elle veut acheter tout ce qu'elle voit. Clara la tempère : un pyjama ? Un jouet ? Un mobile ? Elle lui rappelle qu'un cadeau suffit, et qu'elle a toute la vie devant elle pour **gâter** la petite Marie. Céline opte pour un joli mobile avec des poissons de toutes les couleurs. Mais elle craque aussi pour des langes tout doux et un joli collier pour Isabelle.

Le lendemain matin, Céline est réveillée à six heures. Elle ne peut pas dormir, elle a seulement hâte de rencontrer sa nièce. Elle prépare le café, range du linge, fait le reste de la vaisselle dans l'**évier**, prend une douche, sort Scruffles. Elle tourne en rond. Clara émerge de sa chambre à huit heures, en **baillant**.

« Bah alors, tu as l'air bien réveillée ! lui dit-elle en se servant un grand bol de café.

- Impossible de dormir. Je suis comme une **puce** ! explique Céline. »

Ce n'est qu'à neuf heures trente qu'elles commencent à partir en direction de la maternité. Sur le chemin, elles s'arrêtent pour acheter des croissants et des fleurs blanches. Quand elles arrivent sur place, elles cherchent la chambre d'Isabelle. C'est Marc qui leur ouvre la porte, souriant, les petits yeux de l'homme heureux qui n'a pas dormi de la nuit, visiblement très ému de présenter sa fille à sa **petite sœur**.

« Voici Marie, lui dit-il tout doucement. Elle est toute petite !

- C'est la plus belle, ajoute Isabelle, l'air épuisé et ravi.

- Oh ! Comme elle est jolie ! **s'exclament** les deux amies, en cœur.

- Assieds-toi, Céline. On a une question à te poser, dit Marc. »

Céline s'assoit et elle regarde la petite fille. Et Isabelle lui demande, dans un grand sourire : « Tu veux bien être la **marraine** ? » Céline **fond en larmes** de bonheur : évidemment qu'elle veut bien être la marraine de ce petit ange !

Quête (f) (nom commun) : search
Peluche (f) (nom commun) : stuffed toy
Queue (f) (nom commun) : tail
Gâter (verbe) : to spoil
Évier (m) (nom commun) : sink, kitchen sink

Bâiller (verbe) : to yawn
Puce (f) (nom commun) : flea
Petite sœur (f) (nom commun) : little sister, younger sister
S'exclamer (verbe pronominal) : to exclaim
Marraine (f) (nom commun) : godmother
Fondre en larmes (locution verbale) : to burst into tears

Questions (Chapitre 1)

1. Quand Isabelle accouche-t-elle finalement ?
a) En juillet
b) Début juin
c) À la fin du mois de mai
d) Ce n'est pas mentionné

2. Comment réagit la classe lorsque Céline annonce la naissance du bébé ?
a) Ils se moquent d'elle
b) Ils restent silencieux
c) Ils applaudissent et rient
d) Ils quittent la salle de cours

3. Quel prénom est donné à la fille d'Isabelle ?
a) Margot
b) Louise
c) Marie
d) Juliette

4. Que propose Céline à Clara après avoir appris la nouvelle ?
a) D'acheter un cadeau pour le bébé
b) De l'accompagner à la maternité
c) De l'aider à préparer une fête pour la naissance
d) De lui faire un brunch pour célébrer

5. Quel titre familial est proposé à Céline par Isabelle et Marc ?
a) Marraine
b) Maman
c) Grande sœur
d) Tante

1. C'est une fille !

Avec toutes ces activités, avec la fac, avec les copains, le déménagement, le chien... Les filles avaient presque oublié : Isabelle, la belle-sœur de Céline, la copine de son frère Marc, attend un bébé ! Et au premier juin, Céline reçoit un texto de sa mère alors qu'elle est à la fac :

« Isabelle est à la maternité. Te tiens au courant. Tout se passe bien, je file là-bas. »

Céline tombe de haut : le bébé n'était-il pas prévu pour juillet ? Elle recompte dans sa tête, oubliant le cours magistral auquel elle devrait faire attention. Eh non, c'est bien ça, début juin ! Quelle nouvelle ! On va enfin savoir, garçon ou fille ? Céline est prise d'une grande émotion, soudainement. Elle va être tante ! Son frère va devenir papa ! Ses parents vont être des grands-parents... Elle écrit un texto à Clara. Le professeur la voit avec son téléphone et la reprend immédiatement :

« Dites-moi mademoiselle, on écoute le cours ou on envoie des textos à ses potes ? lance-t-il, moitié moqueur, moitié énervé.

- Ah, non monsieur ! C'est un bébé qui arrive dans la famille au moment où vous me parlez ! » s'exclame Céline, l'air un peu sonné.

1. It's a girl!

With all these activities, college, friends, the move, the dog... The girls had almost forgotten: Isabelle, Céline's sister-in-law and her brother Marc's girlfriend, is expecting a baby! And on June 1st, Céline receives a text message from her mother while she's at college:

"Isabelle is at the maternity ward. Keep you posted. Everything's going well, I'm off."

Céline falls head over heels: wasn't the baby due in July? She count down in her head, forgetting the lecture she should be paying attention to. No, that's right, early June! What news! Are we finally going to know, boy or girl? Céline is suddenly overcome with emotion. She's going to be an aunt! Her brother's going to be a dad! Her parents are going to be grandparents... She writes a text message to Clara. The teacher sees her with her phone and immediately picks it up:

"Tell me, Miss, do you listen to the lesson or do you text your mates? he says, half mocking, half annoyed.

- Oh, no, sir! It's a baby arriving in the family as we speak!" exclaims Céline, looking a little stunned.

Toute la salle se met à rire et à applaudir. Le professeur rit aussi, et reconnaît que c'est une bonne raison de regarder son téléphone, pour une fois. Les applaudissements font rougir Céline : ce n'est pas elle qui est en train d'accoucher, tout de même... Le professeur reprend son discours et Céline essaye de suivre, son téléphone posé devant elle. Elle arrive à se concentrer à nouveau, et elle prend des notes tout en pensant à Isabelle et Marc, probablement tous les deux à la fois heureux, inquiets, impatients. C'est l'un des plus beaux jours de leur vie, Céline se sent bouleversée pour eux.

Après quelques minutes à peine, le téléphone de Céline vibre ostensiblement sur sa table. Les yeux se tournent tous vers elle, et le professeur l'interroge du regard :

« Tout va bien, Céline ? demande-t-il, souriant.

- Attendez... C'est une fille ! dit Céline, des sanglots dans la voix. C'est une petite fille ! »

La salle de cours retentit à nouveau d'applaudissements qui font rire Céline et le professeur. Elle n'a rien fait ! Mais elle est tellement heureuse. Quand les élèves se calment, le cours se termine comme d'habitude, et Céline envoie seulement un texto à Clara pour lui annoncer la nouvelle. Puis elle demande à sa mère : « Je fais

The whole room bursts into laughter and applause. The teacher laughs too, and admits that it's a good reason to look at her phone for once. The applause makes Céline blush: she's not the one in labor, after all... The professor resumes his speech and Céline tries to follow, her phone poised in front of her. She manages to concentrate again, and takes notes while thinking about Isabelle and Marc, probably both happy, worried and impatient at the same time. This is one of the happiest days of their lives, and Céline feels overwhelmed for them.

After just a few minutes, Céline's phone vibrates conspicuously on her table. All eyes turn to her, and the teacher questions her with his gaze:

"Is everything all right, Céline? he asks, smiling.

- Wait... It's a girl! says Céline, sobs in her voice. It's a little girl!"

The classroom resounds again with applause, making Céline and the teacher laugh. She hasn't done a thing! But she's so happy. When the students calm down, the class ends as usual, and Céline just texts Clara to tell her the news. Then she asks her mother: "What should I do, can I come along? How's Isabelle,

9

quoi, je peux venir ? Comment va Isabelle, comment s'appelle la petite, la maternité est ouverte aux visiteurs jusqu'à quelle heure, je peux apporter des fleurs ? » Cela fait beaucoup de questions et Florence rappelle sa fille. C'est mieux si elle vient demain matin, Isabelle est très fatiguée, la petite fille est très jolie, elle s'appelle Marie ; oui, elle peut apporter des fleurs, mais pas un très gros bouquet, et elle peut aussi apporter des langes, des doudous, des petites choses pour la petite. Florence a l'air très, très émue. Patrick vient de la rejoindre, et tous les deux font connaissance avec leur nouvelle petite fille.

Céline est sonnée. Clara déboule dès que ses cours sont terminés, elles se retrouvent dans un café près de la rue Duviard.

« Félicitations, tata ! lui dit Clara en souriant. Quelle journée !

- Tu m'étonnes ! J'avais presque oublié qu'Isabelle était enceinte, ça m'a fait un tel choc ! Je devais avoir l'air perdue, le prof m'a interpellée pendant le cours : toute la fac est au courant ! raconte Céline.

- Ha, génial ! s'exclame Clara. Bon, mais alors, tu y vas quand, à la maternité ?

- J'y vais demain matin, je saute les cours. C'est exceptionnel, tu comprends. Tu veux venir avec moi ?

what's the little one's name, how late is the maternity ward open to visitors, can I bring flowers?" That's a lot of questions, and Florence calls her daughter back. It's best if she comes tomorrow morning, Isabelle is very tired, the little girl is very pretty, her name is Marie; yes, she can bring flowers, but not a very big bouquet, and she can also bring diapers, comforters, little things for the little one. Florence looks very, very moved. Patrick has just joined her, and the two of them get to know their new little girl.

Céline is stunned. Clara arrives as soon as her classes are over, and they meet in a café near rue Duviard.

"Congratulations, Auntie! says Clara, smiling. What a day!

- You amaze me! I'd almost forgotten that Isabelle was pregnant, it was such a shock! I must have looked a bit lost, but the teacher called me out during class: The whole university knows! says Céline.

- Oh, great! exclaims Clara. So, when are you going to the maternity ward?

- I'm going tomorrow morning, so I'll skip class. It's exceptional, you understand. Would you like to come

lui propose-t-elle.

- Eh bien, j'adorerais, si je ne suis pas de trop ? répond Clara.

- Évidemment non, tu es bête ! Tu fais partie de la famille maintenant, dit Céline.

- Bon, super. On va chercher des petits cadeaux alors ? » demande Clara.

Les deux amies partent en quête de cadeaux pour la petite fille dans les magasins de la Croix-Rousse. Clara trouve une petite peluche toute douce en forme d'écureuil avec une longue queue. Céline est tellement bouleversée qu'elle veut acheter tout ce qu'elle voit. Clara la tempère : un pyjama ? Un jouet ? Un mobile ? Elle lui rappelle qu'un cadeau suffit, et qu'elle a toute la vie devant elle pour gâter la petite Marie. Céline opte pour un joli mobile avec des poissons de toutes les couleurs. Mais elle craque aussi pour des langes tout doux et un joli collier pour Isabelle.

Le lendemain matin, Céline est réveillée à six heures. Elle ne peut pas dormir, elle a seulement hâte de rencontrer sa nièce. Elle prépare le café, range du linge, fait le reste de la vaisselle dans l'évier, prend une douche, sort Scruffles. Elle tourne en rond. Clara émerge de sa chambre à huit heures, en baillant.

with me? she suggests.

- Well, I'd love to, if it's not too much trouble? replies Clara.

- Of course not, you're silly! You're part of the family now, says Céline.

- Right, great. Shall we go and get some presents then?" asks Clara.

The two friends set off in search of gifts for the little girl in the stores of the Croix-Rousse. Clara finds a soft, squirrel-shaped stuffed toy with a long tail. Céline is so upset that she wants to buy everything she sees. Clara tempers her: pajamas? A toy? A cell phone? She reminds her that one gift is enough, and that she has her whole life ahead of her to spoil little Marie. Céline opts for a pretty mobile with colorful fish. But she also opted for soft diapers and a pretty necklace for Isabelle.

The next morning, Céline wakes up at six o'clock. She can't sleep, she just can't wait to meet her niece. She makes coffee, puts away laundry, does the rest of the dishes in the sink, takes a shower, takes Scruffles out. She spins in circles. Clara emerges from her room at eight, yawning.

« Bah alors, tu as l'air bien réveillée ! lui dit-elle en se servant un grand bol de café.

- Impossible de dormir. Je suis comme une puce ! » explique Céline.

Ce n'est qu'à neuf heures trente qu'elles commencent à partir en direction de la maternité. Sur le chemin, elles s'arrêtent pour acheter des croissants et des fleurs blanches. Quand elles arrivent sur place, elles cherchent la chambre d'Isabelle. C'est Marc qui leur ouvre la porte, souriant, les petits yeux de l'homme heureux qui n'a pas dormi de la nuit, visiblement très ému de présenter sa fille à sa petite sœur.

« Voici Marie, lui dit-il tout doucement. Elle est toute petite !

- C'est la plus belle, ajoute Isabelle, l'air épuisé et ravi.

- Oh ! Comme elle est jolie ! s'exclament les deux amies, en cœur.

- Assieds-toi, Céline. On a une question à te poser, » dit Marc.

Céline s'assoit et elle regarde la petite fille. Et Isabelle lui demande, dans un grand sourire : « Tu veux bien être la marraine ? » Céline fond en larmes de bonheur : évidemment qu'elle veut bien être la marraine de ce petit ange !

"You look wide awake, she says, pouring herself a big bowl of coffee.

- I couldn't sleep. I'm like a flea!" explains Céline.

It wasn't until 9:30 that they set off for the maternity ward. On the way, they stop to buy croissants and white flowers. When they arrive, they look for Isabelle's room. It's Marc who opens the door for them, smiling with the small eyes of a happy man who hasn't slept all night, visibly moved to introduce his daughter to his little sister.

"This is Marie, he says softly. She's so little!

- She's the most beautiful, adds Isabelle, looking exhausted and delighted.

- Oh, she's so pretty! exclaim the two friends, in unison.

- Sit down, Céline. We've got a question for you," says Marc.

Céline sits down and looks at the little girl. And Isabelle asks her, with a big smile: "Will you be the godmother?" Céline bursts into tears of happiness: of course she wants to be the little angel's godmother!

Questions (Chapitre 1)

1. Quand Isabelle accouche-t-elle finalement ?
a) En juillet
b) Début juin
c) À la fin du mois de mai
d) Ce n'est pas mentionné

2. Comment réagit la classe lorsque Céline annonce la naissance du bébé ?
a) Ils se moquent d'elle
b) Ils restent silencieux
c) Ils applaudissent et rient
d) Ils quittent la salle de cours

3. Quel prénom est donné à la fille d'Isabelle ?
a) Margot
b) Louise
c) Marie
d) Juliette

4. Que propose Céline à Clara après avoir appris la nouvelle ?
a) D'acheter un cadeau pour le bébé
b) De l'accompagner à la maternité
c) De l'aider à préparer une fête pour la naissance
d) De lui faire un brunch pour célébrer

5. Quel titre familial est proposé à Céline par Isabelle et Marc ?
a) Marraine
b) Maman
c) Grande sœur
d) Tante

Questions (Chapter 1)

1. When does Isabelle finally give birth?
a) In July
b) Early June
c) At the end of May
d) It's not mentioned

2. How does the class react when Céline announces the baby's birth?
a) They mock her
b) They remain silent
c) They applaud and laugh
d) They leave the classroom

3. What name is given to Isabelle's baby girl?
a) Margot
b) Louise
c) Marie
d) Juliette

4. What does Céline suggest to Clara after learning the news?
a) To buy a gift for the baby
b) To accompany her to the maternity ward
c) To help her prepare a party for the birth
d) To make her a brunch to celebrate

5. What familial title is proposed to Céline by Isabelle and Marc?
a) Godmother
b) Mom
c) Big sister
d) Aunt

2. Clara et Julien se séparent

Avec la venue de la petite Marie, la vie de toute la famille a été bouleversée. Bien sûr, cela ne change pas grand-chose **au quotidien** des filles, mais le simple fait de savoir qu'elle a une petite nièce dont elle est la marraine a changé la vie de Céline. Elle passe son temps à parler d'elle, et dès qu'elle en a l'occasion, elle va la voir.

Les premiers jours n'ont pas été **reposants**, et même un peu stressants : la petite Marie a eu quelques problèmes **respiratoires** et elle a été gardée à l'hôpital en **soins intensifs**. Les parents ont eu très peur, et toute la famille était très inquiète. Mais les médecins se sont montrés fantastiques, et le bébé s'est bientôt senti mieux. Après quelques jours en observation, le frère de Céline et sa petite famille ont pu enfin rentrer chez eux, avec un petit ange en bonne santé. **Plus de peur que de mal** !

Isabelle confie à Clara qu'elle comprend maintenant les **dires** de toutes les mamans : quand ton bébé naît, tu réalises que tu vas **te faire du souci** toute ta vie pour ton enfant. Mais les moments de bonheur qu'ils vivent avec elle n'a pas de prix. Et ils partagent leur bonheur avec la famille.

Céline et Clara vont souvent la voir en rentrant de leurs cours, ensemble,

ou sur le chemin de la bibliothèque pour travailler. Céline a bien l'intention d'être une bonne marraine, présente, attentionnée et aimante. Elle a des **tas** de projets en tête. Plus tard, elle lui apprendra à lire, elle l'emmènera en vacances à Paris, elle lui apprendra à faire des bêtises, elle lui lira des histoires et la **consolera** quand elle sera triste. Elle se sent déjà très attachée.

Clara, elle, adore cette nouvelle **venue**. Bien sûr, Marie dort la plupart du temps, et quand elle ne dort pas, c'est qu'elle est en train de manger ou de **ronchonner**. Mais quand les filles viennent et qu'elle est éveillée, le visage de Marie s'illumine d'un grand sourire : elle est visiblement contente de les voir venir.

Au quotidien (locution adverbiale) : on a day-to-day basis, in everyday life
Reposant (adjectif) : relaxing
Respiratoire (adjectif) : breathing, respiratory
Soins intensifs (m, pl) (nom commun) : intensive care
Plus de peur que de mal (expression) : more fear than harm
Dire (m) (nom commun) : claim, story, statement
Se faire du souci (locution verbale) : to worry, to fret
Tas (m) (com commun) : pile, heap
Consoler (verbe) : to comfort
Venue (f) (nom commun) : arrival
Ronchonner (verbe) : to grumbler

Marc et Isabelle semblent **épuisés** : c'est qu'il faut se lever toutes les nuits, **donner le sein**, supporter les pleurs, rassurer le bébé, lui apprendre à dormir. Une chose est sûre, Marie ne fait pas partie de ces enfants dont on dit qu'ils dorment bien ! Le médecin comme les parents de Céline rassurent **cependant** les parents : cela ne veut pas dire qu'elle ne va jamais faire ses nuits. Tout peut changer très vite, il faut être patient.

Clara, avec ces nouveaux **événements**, s'est encore éloignée un peu de Julien. Elle s'en rend bien compte, elle le sait. Mais elle réalise en même temps qu'il souffre de sa distance et qu'elle ne se sent pas de lui donner plus de temps. Après une longue soirée à discuter avec sa **colocataire** autour d'une petite bouteille de vin et d'un bon repas, le chien **sur les genoux**, Clara en vient à une conclusion :

« Tu sais, Céline, je pense qu'il vaut mieux que nous nous séparions, dit-elle. Je n'ai pas très envie, mais je vois bien que je ne lui apporte pas ce qu'il

souhaite. Je suis distante, pas très disponible, et je ne pense plus à lui le matin quand je me réveille.

- C'est triste... Tu es sûre ? Est-ce que vous avez parlé, **au moins** ? demande Céline, pleine de compassion, car elle comprend que la décision est difficile à prendre pour son amie.

- Nous avons parlé plein de fois. C'est toujours la même conclusion, je promets de **faire des efforts**, et je ne **tiens** pas **ma promesse** longtemps, explique Clara. Enfin, si, je fais des efforts, mais ce n'est pas suffisant ; et aussi, notre relation ne peut pas se fonder sur des efforts... Je devrais être contente de le voir **à chaque fois**, et en réalité, je préfère le plus souvent faire autre chose.

- Alors tu dois le lui dire bientôt. Vous avez prévu de vous voir ? demande encore Céline.

- En fin de semaine, oui, répond Clara. Vendredi, on a prévu de dîner ensemble. Je sais pas si c'est la meilleure idée, autour d'un dîner... Mais au moins, nous **serons au calme** pour parler de tout ça. »

Épuisé (adjectif) : exhausted, worn out
Donner le sein (locution verbale) : to breast-feed
Cependant (adverbe) : however, nevertheless
Événement (m) (nom commun) : event
Colocataire (f, m) (nom commun) : roommate
Sur les genoux (m) (nom commun) : on one's lap
Souhaiter (verbe) : to want, to wish
Au moins (locution adverbiale) : at least
Faire des efforts (locution verbale) : to try, to make an effort
Tenir ses promesses (locution verbale) : to keep your promises
À chaque fois (locution adverbiale) : every time
Être au calme (locution verbale) : to have some peace

Toute la semaine, Clara pense à cette conversation. Julien lui écrit chaque jour, elle ne répond jamais très vite. Elle **se montre** encore un peu plus distante, **si bien que** Julien doit bien se douter de quelque chose. Quand le vendredi soir arrive, ils se retrouvent dans un petit restaurant de la Croix-Rousse. Julien arrive des fleurs dans les mains... Clara se sent un peu stupide, elle ne sait pas comment **réagir**. Sa décision est prise, et c'est mieux ainsi.

Envahie par des sentiments contraires, elle sourit à la vue des fleurs et de Julien, puis elle fond en larmes.

« Ma belle, ça ne va pas ? demande Julien, surpris par ces **larmes**.

- Si, si, je vais bien ! Mais je suis triste, voilà. Je vais tout t'expliquer. Allez, on s'assoit, je vais me calmer, tout va bien se passer, » dit-elle, comme pour se **convaincre** elle-même.

Ils s'installent à une table, Jullien commande un apéritif, et il la regarde intensément. Il sait que la soirée ne va pas être facile pour eux. Clara lui **redit** tout ce qu'elle a dit l'autre soir avec Céline : qu'elle ne se sent plus investie dans leur relation, qu'elle sent bien qu'elle est trop distante, et qu'elle craint de ne pas **être à la hauteur** des sentiments de Julien. Ce dernier **hoche la tête**, calmement. Il comprend, il encaisse. Il admet que ce n'est pas tenable. Il décide de laisser faire les choses, de ne pas essayer de la retenir. Même si au fond de lui, la peine est profonde. Mais il aime trop Clara pour ne pas essayer de comprendre, et il ne veut pas que ce dernier diner soit un désastre.

Finalement, la soirée se termine assez bien. Ils parlent beaucoup, s'expliquent, se comprennent. Quand chacun rentre chez soi, Julien serre Clara très fort dans ses bras. Ils sont tous les deux très tristes, mais ils le savent : **ainsi va la vie** ! Clara, en montant les escaliers pour rentrer chez elle, pleure encore un peu. Mais quand elle rentre chez elle, Céline est là, avec un thé, et Scruffles lui fait la fête. Clara se sent **soulagée** et plus forte.

> **Se montrer** (verbe pronominal) : to show, to demonstrate
> **Si bien que** (locution conjonction) : so much that
> **Réagir** (verbe) : to react
> **Envahir** (verbe) : to overwhelm
> **Larme** (f) (nom commun) : tear
> **Convaincre** (verbe) : to convince
> **Redire** (verbe) : to repeat, to reiterate
> **Être à la hauteur** (locution verbale) : to live up to something
> **Hocher la tête** (locution verbale) : to nod your head
> **Ainsi va la vie** (expression) : that's life
> **Soulagé** (adjectif) : relieved

Questions (Chapitre 2)

1. Que représente Marie dans la vie de Céline ?
a) Une nouvelle nièce dont elle est la marraine
b) Une nouvelle amie
c) Une nouvelle colocataire
d) Une nouvelle étudiante

2. Pourquoi Marie a-t-elle été gardée à l'hôpital ?
a) Elle a eu des problèmes cardiaques
b) Elle a eu des problèmes respiratoires
c) Elle a eu une réaction allergique
d) Elle a eu des problèmes digestifs

3. Quels sont les projets de Céline en tant que marraine ?
a) Lui enseigner à cuisiner
b) Lui apprendre à faire du vélo
c) Lui enseigner à lire
d) Lui apprendre à nager

4. Pourquoi Clara décide-t-elle de se séparer de Julien ?
a) Elle n'est plus amoureuse de lui
b) Elle est trop occupée avec ses études
c) Elle pense qu'il ne l'aime plus
d) Elle pense qu'elle n'est pas assez investie dans leur relation

5. Comment se termine la soirée entre Clara et Julien ?
a) Ils se séparent en se disputant
b) Ils se séparent en bons termes
c) Ils décident de rester ensemble
d) Julien quitte le restaurant en colère

2. Clara et Julien se séparent

Avec la venue de la petite Marie, la vie de toute la famille a été bouleversée. Bien sûr, cela ne change pas grand-chose au quotidien des filles, mais le simple fait de savoir qu'elle a une petite nièce dont elle est la marraine a changé la vie de Céline. Elle passe son temps à parler d'elle, et dès qu'elle en a l'occasion, elle va la voir.

Les premiers jours n'ont pas été reposants, et même un peu stressants : la petite Marie a eu quelques problèmes respiratoires et elle a été gardée à l'hôpital en soins intensifs. Les parents ont eu très peur, et toute la famille était très inquiète. Mais les médecins se sont montrés fantastiques, et le bébé s'est bientôt senti mieux. Après quelques jours en observation, le frère de Céline et sa petite famille ont pu enfin rentrer chez eux, avec un petit ange en bonne santé. Plus de peur que de mal !

Isabelle confie à Clara qu'elle comprend maintenant les dires de toutes les mamans : quand ton bébé naît, tu réalises que tu vas te faire du souci toute ta vie pour ton enfant. Mais les moments de bonheur qu'ils vivent avec elle n'a pas de prix. Et ils partagent leur bonheur avec la famille.

Céline et Clara vont souvent la voir en rentrant de leurs cours,

2. Clara and Julien split up

With the arrival of little Marie, the whole family's life was turned upside down. Of course, it doesn't change much in the girls' daily lives, but the simple fact of knowing that she has a little niece for whom she is godmother has changed Céline's life. She spends all her time talking about her, and whenever she gets the chance, she goes to see her.

The first few days were not restful, and even a little stressful: little Marie had some breathing problems and was kept in hospital in intensive care. The parents were very scared, and the whole family was very worried. But the doctors were fantastic, and the baby was soon feeling better. After a few days of observation, Céline's brother and his family were finally able to return home with a healthy little angel. More fear than harm!

Isabelle confides in Clara that she now understands what all mothers say: when your baby is born, you realize that you're going to worry about your child for the rest of your life. But the moments of happiness they experience with her are priceless. And they share their happiness with the family.

Céline and Clara often visit her on their way home from class together,

ensemble, ou sur le chemin de la bibliothèque pour travailler. Céline a bien l'intention d'être une bonne marraine, présente, attentionnée et aimante. Elle a des tas de projets en tête. Plus tard, elle lui apprendra à lire, elle l'emmènera en vacances à Paris, elle lui apprendra à faire des bêtises, elle lui lira des histoires et la consolera quand elle sera triste. Elle se sent déjà très attachée.

Clara, elle, adore cette nouvelle venue. Bien sûr, Marie dort la plupart du temps, et quand elle ne dort pas, c'est qu'elle est en train de manger ou de ronchonner. Mais quand les filles viennent et qu'elle est éveillée, le visage de Marie s'illumine d'un grand sourire : elle est visiblement contente de les voir venir.

Marc et Isabelle semblent épuisés : c'est qu'il faut se lever toutes les nuits, donner le sein, supporter les pleurs, rassurer le bébé, lui apprendre à dormir. Une chose est sûre, Marie ne fait pas partie de ces enfants dont on dit qu'ils dorment bien ! Le médecin comme les parents de Céline rassurent cependant les parents : cela ne veut pas dire qu'elle ne va jamais faire ses nuits. Tout peut changer très vite, il faut être patient.

Clara, avec ces nouveaux événements, s'est encore éloignée un peu de Julien. Elle s'en rend bien compte, elle le sait. Mais elle réalise en même temps qu'il

or on their way to the library to work. Céline intends to be a good godmother, present, attentive and loving. She has lots of projects in mind. When she's older, she'll teach her to read, take her on vacation to Paris, teach her to be naughty, read her stories and console her when she's sad. She's already feeling very attached.

Clara, for her part, adores this newcomer. Of course, Marie sleeps most of the time, and when she doesn't, it's because she's eating or grumbling. But when the girls come and she's awake, Marie's face lights up with a big smile: she's obviously happy to see them come.

Marc and Isabelle look exhausted: that's because they have to get up every night, breastfeed, put up with crying, reassure the baby and teach him to sleep. One thing's for sure, Marie is not one of those children who are said to sleep well! However, both the doctor and Céline's parents reassure the parents that this does not mean she will never sleep through the night. Everything can change very quickly, so we need to be patient.

Clara, with these new events, has become even more distant from Julien. She realizes this, she knows it. But at the same time, she realizes

souffre de sa distance et qu'elle ne se sent pas de lui donner plus de temps. Après une longue soirée à discuter avec sa colocataire autour d'une petite bouteille de vin et d'un bon repas, le chien sur les genoux, Clara en vient à une conclusion :	that he suffers from her distance, and that she doesn't feel like giving him any more time. After a long evening chatting with her roommate over a small bottle of wine and a good meal, the dog on her lap, Clara comes to a conclusion:
« Tu sais, Céline, je pense qu'il vaut mieux que nous nous séparions, dit-elle. Je n'ai pas très envie, mais je vois bien que je ne lui apporte pas ce qu'il souhaite. Je suis distante, pas très disponible, et je ne pense plus à lui le matin quand je me réveille.	"You know, Céline, I think it's best if we separate, she says. I don't really want to, but I can see that I'm not giving him what he wants. I'm distant, not very available, and I don't think of him in the morning when I wake up.
- C'est triste… Tu es sûre ? Est-ce que vous avez parlé, au moins ? demande Céline, pleine de compassion, car elle comprend que la décision est difficile à prendre pour son amie.	- It's so sad… Are you sure? Did you at least talk? asks Céline, full of compassion because she understands that this is a difficult decision for her friend.
- Nous avons parlé plein de fois. C'est toujours la même conclusion, je promets de faire des efforts, et je ne tiens pas ma promesse longtemps, explique Clara. Enfin, si, je fais des efforts, mais ce n'est pas suffisant ; et aussi, notre relation ne peut pas se fonder sur des efforts… Je devrais être contente de le voir à chaque fois, et en réalité, je préfère le plus souvent faire autre chose.	- We've talked lots of times. It's always the same conclusion: I promise to make an effort, and I don't keep my promise for long, explains Clara. I mean, yes, I make an effort, but it's not enough; and also, our relationship can't be based on effort… I should be happy to see him every time, but in reality, I'd rather be doing something else.
- Alors tu dois le lui dire bientôt. Vous avez prévu de vous voir ? demande encore Céline.	- Then you must tell him soon. Are you planning to see each other?
- En fin de semaine, oui, répond Clara. Vendredi, on a prévu de	- At the end of the week, yes, says Clara. On Friday, we're planning to

dîner ensemble. Je sais pas si c'est la meilleure idée, autour d'un dîner... Mais au moins, nous serons au calme pour parler de tout ça. »

Toute la semaine, Clara pense à cette conversation. Julien lui écrit chaque jour, elle ne répond jamais très vite. Elle se montre encore un peu plus distante, si bien que Julien doit bien se douter de quelque chose. Quand le vendredi soir arrive, ils se retrouvent dans un petit restaurant de la Croix-Rousse. Julien arrive des fleurs dans les mains... Clara se sent un peu stupide, elle ne sait pas comment réagir. Sa décision est prise, et c'est mieux ainsi. Envahie par des sentiments contraires, elle sourit à la vue des fleurs et de Julien, puis elle fond en larmes.

« Ma belle, ça ne va pas ? demande Julien, surpris par ces larmes.

- Si, si, je vais bien ! Mais je suis triste, voilà. Je vais tout t'expliquer. Allez, on s'assoit, je vais me calmer, tout va bien se passer, » dit-elle, comme pour se convaincre elle-même.

Ils s'installent à une table, Jullien commande un apéritif, et il la regarde intensément. Il sait que la soirée ne va pas être facile pour eux. Clara lui redit tout ce qu'elle a dit l'autre soir avec Céline : qu'elle ne se sent plus investie dans leur relation, qu'elle sent bien qu'elle est trop distante, et qu'elle craint de ne pas être à la

have dinner together. I don't know if dinner is the best idea... But at least we'll have some peace and quiet to talk things over."

All week, Clara thinks about this conversation. Julien writes to her every day, but she never answers very quickly. She becomes even more distant, so Julien must suspect something. When Friday evening arrives, they meet in a small restaurant on the Croix-Rousse. Julien arrives with flowers in his hands... Clara feels a bit stupid and doesn't know how to react. Her mind is made up, and it's for the best. Overcome by conflicting feelings, she smiles at the sight of the flowers and Julien, then bursts into tears.

"Sweetheart, are you all right? asks Julien, surprised by her tears.

- Yes, yes, I'm fine! But I'm sad. I'll explain everything. Come on, let's sit down, I'll calm down, everything's going to be fine," she says, as if to convince herself.

They settle down at a table, Jullien orders an aperitif, and he looks at her intently. He knows it's not going to be an easy evening for them. Clara reiterates everything she said the other night with Céline: that she no longer feels invested in their relationship, that she feels she's too distant, and that she's afraid she's not

hauteur des sentiments de Julien. Ce dernier hoche la tête, calmement. Il comprend, il encaisse. Il admet que ce n'est pas tenable. Il décide de laisser faire les choses, de ne pas essayer de la retenir. Même si au fond de lui, la peine est profonde. Mais il aime trop Clara pour ne pas essayer de comprendre, et il ne veut pas que ce dernier diner soit un désastre.

Finalement, la soirée se termine assez bien. Ils parlent beaucoup, s'expliquent, se comprennent. Quand chacun rentre chez soi, Julien serre Clara très fort dans ses bras. Ils sont tous les deux très tristes, mais ils le savent : ainsi va la vie ! Clara, en montant les escaliers pour rentrer chez elle, pleure encore un peu. Mais quand elle rentre chez elle, Céline est là, avec un thé, et Scruffles lui fait la fête. Clara se sent soulagée et plus forte.

living up to Jullien's feelings. Julien nods calmly. He understands. He admits it's untenable. He decides to let things take their course, not to try and hold her back. Even though deep down inside, the pain runs deep. But he loves Clara too much not to try and understand, and he doesn't want this last dinner to be a disaster.

In the end, the evening ends quite well. They talk a lot, explaining and understanding each other. When everyone goes home, Julien gives Clara a big hug. They're both very sad, but they know: that's the way life is! As Clara climbs the stairs to go home, she cries a little more. But when she gets home, Céline is there, with a cup of tea, and Scruffles is celebrating. Clara feels relieved and stronger.

Questions (Chapitre 2)

1. Que représente Marie dans la vie de Céline ?
a) Une nouvelle nièce dont elle est la marraine
b) Une nouvelle amie
c) Une nouvelle colocataire
d) Une nouvelle étudiante

2. Pourquoi Marie a-t-elle été gardée à l'hôpital ?
a) Elle a eu des problèmes cardiaques
b) Elle a eu des problèmes respiratoires
c) Elle a eu une réaction allergique
d) Elle a eu des problèmes digestifs

3. Quels sont les projets de Céline en tant que marraine ?
a) Lui enseigner à cuisiner
b) Lui apprendre à faire du vélo
c) Lui enseigner à lire
d) Lui apprendre à nager

4. Pourquoi Clara décide-t-elle de se séparer de Julien ?
a) Elle n'est plus amoureuse de lui
b) Elle est trop occupée avec ses études
c) Elle pense qu'il ne l'aime plus
d) Elle pense qu'elle n'est pas assez investie dans leur relation

5. Comment se termine la soirée entre Clara et Julien ?
a) Ils se séparent en se disputant
b) Ils se séparent en bons termes
c) Ils décident de rester ensemble
d) Julien quitte le restaurant en colère

Questions (Chapter 2)

1. What does Marie represent in Céline's life?
a) A new niece of whom she is the godmother
b) A new friend
c) A new roommate
d) A new student

2. Why was Marie kept in the hospital?
a) She had heart problems
b) She had respiratory problems
c) She had an allergic reaction
d) She had digestive problems

3. What are Céline's plans as a godmother?
a) Teach her to cook
b) Teach her to ride a bike
c) Teach her to read
d) Teach her to swim

4. Why does Clara decide to break up with Julien?
a) She is no longer in love with him
b) She is too busy with her studies
c) She thinks he no longer loves her
d) She thinks she is not invested enough in their relationship

5. How does the evening between Clara and Julien end?
a) They part ways after an argument
b) They part ways on good terms
c) They decide to stay together
d) Julien leaves the restaurant angrily

3. Céline et Christophe, enfin ensemble

Le jour suivant, c'est le week-end. Clara est un peu **déprimée** quand elle se lève, mais Céline la sort du lit : il fait un temps superbe, et elles ont tennis ce matin ! **Inutile** d'insister, Céline ne manquerait le tennis **pour rien au monde**, et elle veut que son amie vienne avec elle. Elles prennent un café, un petit déjeuner, s'habillent et partent à vélo de location jusqu'au court de tennis. Christophe est en avance, comme toujours, et les attend comme à chaque fois avec son plus grand sourire.

Le cours de tennis est fantastique. Les filles sont toujours aussi mauvaises, mais elles s'éclatent. Après plus d'une heure à courir, taper dans la balle – ou à côté de la balle – Christophe décide que c'est **assez**. Céline n'a pas hâte de rentrer… Elle voudrait passer plus de temps avec lui. Mais Clara fait signe qu'elle doit retourner à la maison, sortir le chien et préparer ses cours pour le travail, faire quelques révisions, s'occuper d'elle. Christophe demande à Céline si elle ne **préférerait** pas manger quelque part **au soleil**, car la météo est vraiment splendide.

Céline accepte **sans détour**. Elle se trouve **de moins en moins** timide avec lui. En fait, ils se sont beaucoup rapprochés et sont même très **complices**. Alors

Clara rentre en métro, et Céline et Christophe marchent ensemble jusqu'à un café. Ils commandent un petit verre de blanc et profitent du soleil de juin qui chauffe leurs **épaules**. Ils se perdent dans une longue conversation, rient beaucoup, et décident après le deuxième verre de vin de se diriger vers un petit restaurant.

Leur choix se porte sur le quartier Saint Paul : Christophe connaît un restau avec une terrasse, au calme, où on mange très bien. Ils appellent pour vérifier qu'il y **a de la place** en terrasse, réservent la meilleure table et marchent ensemble, légèrement pompettes après le sport et l'apéritif. Ils se sentent tous les deux au top de leur forme et très heureux. Céline raconte à Christophe la séparation de Clara et Julien. Christophe s'en étonne et s'en inquiète : il trouve cela très **soudain**, est-ce une décision bien réfléchie ? Le couple avait l'air tellement bien, ils étaient mignons ensemble. Alors Céline explique les raisons de la séparation, et Christophe comprend bien. En marchant, en bavardant, en traversant le pont de la Saône, ils sont **de plus en plus** proches. Le cœur de Céline bat très fort dans sa poitrine. Et alors qu'elle ne s'y attend pas du tout, Christophe **glisse** sa main dans la sienne, tout doucement.

Déprimé (adjectif) : depressed
Inutile (adjectif) : useless, pointless
Pour rien au monde (locution adverbiale) : for anything in the world
Assez (adverbe) : enough
Au soleil (locution adjectivale) : in the sun, in sunlight
Sans détour (locution adverbiale) : directly, readily, without hesitation
De moins en moins (locution adverbiale) : less and less
Complice (adjectif) : close, intimate
Épaule (f) (nom commun) : shoulder
Avoir de la place (locution verbale) : to have room, to have space
Soudain (adjectif) : sudden
De plus en plus (locution adverbiale) : more and more
Glisser (verbe) : to slip

Céline le regarde timidement, elle n'**ose** pas **bouger** la main et ils marchent toujours. Christophe affiche un large sourire. Elle éclate de rire. Alors c'est ça, c'est tout ? C'est si simple ? Ils se mettent à rire tous les deux. Ils se regardent encore, s'arrêtent devant le restaurant et se prennent dans les bras l'un de l'autre puis s'embrassent longuement. « **Enfin !** » pense Céline. Et Christophe lui dit en la regardant :

« Enfin !

- Tu lis dans mes **pensées**, dit Céline.

- On aura mis le temps, ajoute Christophe.

- Mais je ne t'intéressais pas ! explique Céline.

- Parle pour toi, tu ne me regardais même pas, dit Christophe en riant.

- Bon, on est **bêtes**, hein ? demande Céline.

- Je ne suis pas d'accord. Et je suis ravi. Allez, viens, on va manger – et commander une petite bouteille de champagne. »

Les deux nouveaux amoureux s'installent sur la terrasse et s'exécutent : champagne, salade lyonnaise, **canard** rôti, ratatouille, **moelleux au chocolat**, sorbet aux framboises. Le déjeuner est excellent et leurs conversations ne finissent pas. Christophe se moque de Céline pour son mauvais **jeu** au tennis, Céline accuse le professeur de ne pas être assez pédagogue. Ils finissent la journée ensemble et décident d'aller au cinéma, moins parce qu'il y a un bon film que parce qu'ils ne veulent pas se séparer. Le soir, Céline rentre chez elle et Christophe rentre de son côté. Céline voulait que Christophe reste, mais il a des impératifs le lendemain matin, et **puis**, il veut aller doucement, pour profiter **pleinement** du début de leur bonheur.

Oser (verbe) : to dare
Bouger (verbe) : to move
Enfin (adverbe) : finally, at last
Pensée (f) (nom commun) : thought
Bête (adjectif) : silly
Canard (m) (nom commun) : duck
Moelleux au chocolat (m) (nom commun) : chocolate fondant
Jeu (m) (nom commun) : game
Puis (adverbe) : then
Pleinement (adverbe) : fully, entirely

Clara est chez elles quand Céline rentre après le film. Elle boit un thé, et propose une tasse à Céline.

« Tu es **rayonnante**, ma belle, lui dit-elle. Allez, raconte ! Je vois bien que tu es plus souriante que **d'habitude**.

- Ah ! Il est merveilleux, répond seulement Céline, en s'asseyant sur le canapé, une tasse de thé dans une main et le sourire aux lèvres.

- Mais **raconte** ! » répète Clara, souriante aussi.

Céline raconte à son amie toute sa journée : le café, l'apéritif, le déjeuner, les longues conversations, les mains qui se touchent, le **baiser**, les rires. Clara trouve tout cela très romantique. Céline s'inquiète de son amie, elle espère qu'elle ne la **blesse** pas, car elle a bien conscience que Clara et Julien se sont séparés la veille. Mais Clara lui fait comprendre qu'**au contraire**, elle est très heureuse pour elle. Elle n'a **aucunement** l'intention d'être **aigrie** par cette séparation. Elle veut aller de l'avant, et elle fait bien la différence entre ce qui lui arrive et ce qui arrive à son amie. C'est alors que la sonnette de l'appartement résonne : c'est Constance, qui descend voir si les filles sont là. Elle a un pack de bières dans une main, des fleurs dans l'autre.

La soirée se termine ainsi : trois copines, dans le salon du nouvel appartement, des fleurs sur la table, le petit chien qui **ronfle** doucement auprès d'elles, de la musique calme et de longues discussions sur le **sens** de la vie, sur les amours, sur le travail et sur l'avenir.

Rayonnant (adjectif) : radiant, glowing
D'habitude (adverbe) : as usual
Raconter (verbe) : to tell
Baiser (m) (nom commun) : kiss
Blesser (verbe) : to hurt
Au contraire (locution adverbiale) : on the contrary
Aucunement (adverbe) : not at all
Aigri (adjectif) : embittered, bitter
Ronfler (verbe) : to snore
Sens (m) (nom commun) : meaning, sense

Questions (Chapitre 3)

1. Où vont Céline et Christophe après le tennis ?
a) Au café
b) Au restaurant
c) Au parc
d) À la bibliothèque

2. Quelle est la réaction de Christophe lorsqu'il apprend la séparation de Clara et Julien ?
a) Il est triste
b) Il est indifférent
c) Il est surpris et inquiet
d) Il ne donne pas son avis

3. Qu'est-ce qui se passe entre Céline et Christophe pendant leur journée ensemble ?
a) Ils se disputent
b) Ils s'embrassent
c) Ils décident de rester amis
d) Ils se perdent de vue

4. Que font Céline et Christophe après avoir mangé ?
a) Ils vont se promener dans le parc
b) Ils rentrent chez eux
c) Ils prennent un café dans un petit bistrot
d) Ils décident d'aller au cinéma

5. Comment se termine la soirée entre Clara, Céline et Constance ?
a) En regardant un film
b) En discutant de sujets profonds
c) En écoutant de la musique forte
d) En préparant un dîner

3. Céline et Christophe, enfin ensemble

Le jour suivant, c'est le week-end. Clara est un peu déprimée quand elle se lève, mais Céline la sort du lit : il fait un temps superbe, et elles ont tennis ce matin ! Inutile d'insister, Céline ne manquerait le tennis pour rien au monde, et elle veut que son amie vienne avec elle. Elles prennent un café, un petit déjeuner, s'habillent et partent à vélo de location jusqu'au court de tennis. Christophe est en avance, comme toujours, et les attend comme à chaque fois avec son plus grand sourire.

Le cours de tennis est fantastique. Les filles sont toujours aussi mauvaises, mais elles s'éclatent. Après plus d'une heure à courir, taper dans la balle – ou à côté de la balle – Christophe décide que c'est assez. Céline n'a pas hâte de rentrer... Elle voudrait passer plus de temps avec lui. Mais Clara fait signe qu'elle doit retourner à la maison, sortir le chien et préparer ses cours pour le travail, faire quelques révisions, s'occuper d'elle. Christophe demande à Céline si elle ne préférerait pas manger quelque part au soleil, car la météo est vraiment splendide.

Céline accepte sans détour. Elle se trouve de moins en moins timide avec lui. En fait, ils se sont beaucoup rapprochés et sont même très complices. Alors Clara rentre

3. Céline and Christophe, finally together

The next day is the weekend. Clara is a little depressed when she gets up, but Céline gets her out of bed: the weather's great, and they've got tennis this morning! Needless to say, Céline wouldn't miss tennis for the world, and she wants her friend to come with her. They have coffee, breakfast, get dressed and head off on their rented bikes to the tennis court. Christophe is early, as always, and waits for them with his biggest smile.

The tennis course is fantastic. The girls are as bad as ever, but they're having a blast. After more than an hour of running, hitting - or standing next to the ball, Christophe decides that enough is enough. Céline is in no hurry to go home... She'd like to spend more time with him. But Clara signals that she needs to get back home, take the dog out and get her lessons ready for work, do some revision, look after herself. Christophe asks Céline if she wouldn't prefer to eat somewhere in the sun, as the weather is really splendid.

Céline readily accepts. She finds herself less and less shy around him. In fact, they've become very close, and even complicit. So Clara takes the metro home, and Céline and

en métro, et Céline et Christophe marchent ensemble jusqu'à un café. Ils commandent un petit verre de blanc et profitent du soleil de juin qui chauffe leurs épaules. Ils se perdent dans une longue conversation, rient beaucoup, et décident après le deuxième verre de vin de se diriger vers un petit restaurant.

Leur choix se porte sur le quartier Saint Paul : Christophe connaît un restau avec une terrasse, au calme, où on mange très bien. Ils appellent pour vérifier qu'il y a de la place en terrasse, réservent la meilleure table et marchent ensemble, légèrement pompettes après le sport et l'apéritif. Ils se sentent tous les deux au top de leur forme et très heureux. Céline raconte à Christophe la séparation de Clara et Julien. Christophe s'en étonne et s'en inquiète : il trouve cela très soudain, est-ce une décision bien réfléchie ? Le couple avait l'air tellement bien, ils étaient mignons ensemble. Alors Céline explique les raisons de la séparation, et Christophe comprend bien. En marchant, en bavardant, en traversant le pont de la Saône, ils sont de plus en plus proches. Le cœur de Céline bat très fort dans sa poitrine. Et alors qu'elle ne s'y attend pas du tout, Christophe glisse sa main dans la sienne, tout doucement.

Céline le regarde timidement, elle n'ose pas bouger la main et ils marchent toujours. Christophe affiche un large

Christophe walk together to a café. They order a glass of white wine and enjoy the June sunshine warming their shoulders. They lose themselves in a long conversation, laugh a lot, and decide after the second glass of wine to head for a small restaurant.

Their choice is the Saint Paul district: Christophe knows of a restaurant with a terrace, in a quiet area, where the food is very good. They call to check if there's room on the terrace, reserve the best table and walk in together, slightly tipsy after sport and an aperitif. They both feel at the top of their game and very happy. Céline tells Christophe about Clara and Julien's separation. Christophe is astonished and worried: he thinks it's all very sudden, but is it a well-thought-out decision? The couple looked so good, they were so cute together. So Céline explains the reasons for the separation, and Christophe understands. As they walk, chat and cross the Saône bridge, they get closer and closer. Céline's heart is pounding in her chest. And just when she wasn't expecting it, Christophe slips his hand gently into hers.

Céline looks at him shyly, doesn't dare move her hand, and they're still walking. Christophe smiles broadly.

sourire. Elle éclate de rire. Alors c'est ça, c'est tout ? C'est si simple ? Ils se mettent à rire tous les deux. Ils se regardent encore, s'arrêtent devant le restaurant et se prennent dans les bras l'un de l'autre puis s'embrassent longuement. « Enfin ! » pense Céline. Et Christophe lui dit en la regardant :

« Enfin !

- Tu lis dans mes pensées, dit Céline.

- On aura mis le temps, ajoute Christophe.

- Mais je ne t'intéressais pas ! explique Céline.

- Parle pour toi, tu ne me regardais même pas, dit Christophe en riant.

- Bon, on est bêtes, hein ? demande Céline.

- Je ne suis pas d'accord. Et je suis ravi. Allez, viens, on va manger – et commander une petite bouteille de champagne. »

Les deux nouveaux amoureux s'installent sur la terrasse et s'exécutent : champagne, salade lyonnaise, canard rôti, ratatouille, moelleux au chocolat, sorbet aux framboises. Le déjeuner est excellent et leurs conversations ne finissent pas. Christophe se moque de Céline pour son mauvais jeu au tennis, Céline accuse le professeur de ne pas

She bursts out laughing. So that's it, that's all? It's that simple? They both start laughing. They look at each other again, stop in front of the restaurant and hug, then kiss for a long time. "At last!" thinks Céline. And Christophe looks at her and says:

"At last!

- You read my mind, says Céline.

- We took our time, adds Christophe.

- But you weren't interested in me! explains Céline.

- You weren't even looking at me, laughs Christophe.

- Well, aren't we silly? asks Céline.

- Well, I don't agree. And I'm delighted. Come on, let's eat - and order a little bottle of champagne."

The two new lovers settle down on the terrace and go for it: champagne, salade lyonnaise, roast duck, ratatouille, chocolate moelleux, raspberry sorbet. The lunch is excellent and their conversations never end. Christophe mocks Céline for her poor tennis game, Céline accuses the teacher of not being pedagogical enough. They finish the

être assez pédagogue. Ils finissent la journée ensemble et décident d'aller au cinéma, moins parce qu'il y a un bon film que parce qu'ils ne veulent pas se séparer. Le soir, Céline rentre chez elle et Christophe rentre de son côté. Céline voulait que Christophe reste, mais il a des impératifs le lendemain matin, et puis, il veut aller doucement, pour profiter pleinement du début de leur bonheur.

Clara est chez elles quand Céline rentre après le film. Elle boit un thé, et propose une tasse à Céline.

« Tu es rayonnante, ma belle, lui dit-elle. Allez, raconte ! Je vois bien que tu es plus souriante que d'habitude.

- Ah ! Il est merveilleux, répond seulement Céline, en s'asseyant sur le canapé, une tasse de thé dans une main et le sourire aux lèvres.

- Mais raconte ! » répète Clara, souriante aussi.

Céline raconte à son amie toute sa journée : le café, l'apéritif, le déjeuner, les longues conversations, les mains qui se touchent, le baiser, les rires. Clara trouve tout cela très romantique. Céline s'inquiète de son amie, elle espère qu'elle ne la blesse pas, car elle a bien conscience que Clara et Julien se sont séparés la veille. Mais Clara lui fait comprendre qu'au contraire, elle est très heureuse pour elle. Elle n'a aucunement l'intention

day together and decide to go to the cinema, not so much because there's a good film on, but because they don't want to part. In the evening, Céline goes home and Christophe goes his own way. Céline wanted Christophe to stay, but he had to do something the next morning, and he wanted to take it easy, so as to fully enjoy the beginning of their happiness.

Clara is at home when Céline returns after the film. She drinks tea and offers Céline a cup.

"You look radiant, my dear, she says. Come on, tell us about it! I can see you're smiling more than usual.

- Ah, he's wonderful, Céline replies, sitting down on the sofa with a cup of tea in one hand and a smile on her face.

- Tell me about it!" repeats Clara, also smiling.

Céline tells her friend all about her day: the coffee, the aperitif, the lunch, the long conversations, the hands touching, the kiss, the laughter. Clara finds it all very romantic. Céline is worried about her friend, hoping she won't hurt her feelings, as she is well aware that Clara and Julien broke up the day before. But Clara lets her know that, on the contrary, she's very happy for her. She has no intention of being bitter about the separation. She

d'être aigrie par cette séparation. Elle veut aller de l'avant, et elle fait bien la différence entre ce qui lui arrive et ce qui arrive à son amie. C'est alors que la sonnette de l'appartement résonne : c'est Constance, qui descend voir si les filles sont là. Elle a un pack de bières dans une main, des fleurs dans l'autre.	wants to move on, and she knows the difference between what's happening to her and what's happening to her friend. That's when the apartment bell rings: it's Constance, coming down to see if the girls are there. She has a pack of beers in one hand, flowers in the other.
La soirée se termine ainsi : trois copines, dans le salon du nouvel appartement, des fleurs sur la table, le petit chien qui ronfle doucement auprès d'elles, de la musique calme et de longues discussions sur le sens de la vie, sur les amours, sur le travail et sur l'avenir.	The evening ends like this: three girlfriends, in the living room of the new apartment, flowers on the table, the little dog snoring gently beside them, quiet music and long discussions about the meaning of life, love, work and the future.

Questions (Chapitre 3)

1. Où vont Céline et Christophe après le tennis ?
a) Au café
b) Au restaurant
c) Au parc
d) À la bibliothèque

2. Quelle est la réaction de Christophe lorsqu'il apprend la séparation de Clara et Julien ?
a) Il est triste
b) Il est indifférent
c) Il est surpris et inquiet
d) Il ne donne pas son avis

3. Qu'est-ce qui se passe entre Céline et Christophe pendant leur journée ensemble ?
a) Ils se disputent
b) Ils s'embrassent
c) Ils décident de rester amis
d) Ils se perdent de vue

4. Que font Céline et Christophe après avoir mangé ?
a) Ils vont se promener dans le parc
b) Ils rentrent chez eux
c) Ils prennent un café dans un petit bistrot
d) Ils décident d'aller au cinéma

5. Comment se termine la soirée entre Clara, Céline et Constance ?
a) En regardant un film
b) En discutant de sujets profonds
c) En écoutant de la musique forte
d) En préparant un dîner

Questions (Chapter 3)

1. Where do Céline and Christophe go after tennis?
a) To the café
b) To the restaurant
c) To the park
d) To the library

2. What is Christophe's reaction when he learns about Clara and Julien's break-up?
a) He is sad
b) He is indifferent
c) He is surprised and worried
d) He doesn't give his opinion

3. What happens between Céline and Christophe during their day together?
a) They argue
b) They kiss
c) They decide to remain friends
d) They lose touch

4. What do Céline and Christophe do after eating?
a) They go for a walk in the park
b) They go home
c) They have a coffee in a small café
d) They decide to go to the cinema

5. How does the evening between Clara, Céline, and Constance end?
a) Watching a movie
b) Discussing deep subjects
c) Listening to loud music
d) Preparing dinner

4. Révisions et stress intenses

Dans leurs vies amoureuses un peu **chamboulées**, les filles doivent toujours être régulières à la fac et dans la préparation de leurs examens. L'**enjeu**, pour Clara, est de compenser les quelques mauvaises notes qu'elle a eu au premier semestre. Elle se concentre donc sur les matières dans lesquelles elle se sent un peu plus **faible**, et elle essaye de calculer au mieux sa stratégie. Elle aimerait obtenir une mention pour son année en France. En fait, elle aimerait **rester** en France pour ses études !

Céline, de son côté, a beaucoup de mal à se concentrer sur ses études. Elle doit **apprendre** beaucoup de choses **par cœur** et elle est très absorbée par sa nouvelle histoire d'amour. Valentine, Clara et Céline se réunissent un soir pour organiser un plan d'attaque : mission, réussir les examens pour passer un bel été ! Et pour passer en seconde année, évidemment.

Elles ont trois semaines avant les **partiels**. C'est un peu court, sachant que Clara travaille, que Céline et Clara ont prévu d'aller au festival avec la famille avant les partiels et que la fête de la musique se tient **bientôt** en ville... Elles mettent en commun leurs agendas et choisissent des dates et des horaires pour se rendre ensemble à la bibliothèque universitaire. **Presque** chaque

jour, elles ont au moins une ou deux heures en commun. Le jeudi, elles peuvent toutes les trois passer tout l'après-midi à la bibliothèque. Réviser ensemble leur donne un **élan** de motivation bienvenu, car elles sont toutes les trois très stressées.

Chamboulé (adjectif) : disrupted, chaotic
Enjeu (m) (nom commun) : challenge (in this context)
Faible (adjectif) : weak
Rester (verbe) : to remain, to stay
Apprendre par cœur (locution verbale) : to learn [sth] by heart
Partiel (adjectif) : end-of-term exam
Bientôt (adverbe) : soon
Presque (adverbe) : almost, nearly
Élan (m) (nom commun) : impetus, boost

La semaine qui suit est donc très studieuse : métro, fac, bibliothèque, thé, dîner, révisions à la maison. Clara passe de **nombreuses** heures dans ses dictionnaires de français, dictionnaires de l'art, livres sur l'architecture et sur l'archéologie. C'est passionnant, mais son **cerveau** va **exploser** ! Elle n'est pas sûre qu'elle **se souviendra** de tout après les examens. Mais l'essentiel, c'est de s'en souvenir pour les partiels et d'avoir de bons résultats.

Julien manque un peu à Clara, aussi. Mais elle ne lui écrit pas pour prendre la distance nécessaire. Julien, lui, a écrit quelques messages **relatifs à** des affaires à récupérer, et pour prendre quelques nouvelles. Clara répond seulement rapidement, gentiment bien sûr, mais elle fait de son mieux pour prendre ses distances et ne pas **entretenir** leur relation. Elle sent la tristesse de Julien dans ses messages, et cela lui **fait de la peine**. Mais il n'est pas question de revenir sur sa décision, et elle tient bon.

Céline, de son côté, passe plus de temps à écrire des textos à Christophe qu'à travailler quand elle est à la bibliothèque. Valentine et Clara font de leur mieux pour la motiver, mais elle a l'air bien trop amoureuse pour penser à ses leçons de **droit international** !

Quant à Valentine, elle est égale à elle-même : intelligente, fine, attentionnée et pleine d'humour, elle révise dur et elle est la véritable **cheffe d'orchestre** de cette petite association de révisions. **À tel point que** Clara se demande si Valentine est parfois défaillante. Plusieurs fois même, Valentine vient le soir chez les filles avec un repas préparé la veille pour l'occasion. Elles mangent

ensemble et se soutiennent encore dans leurs révisions. Mais Céline est un peu moins impliquée... Et dans l'appartement **également**. Si bien qu'un soir, quand Valentine rentre chez elle, Clara explose :

Nombreux (adjectif) : a lot, many
Cerveau (m) (nom commun) : brain
Exploser (verbe) : to explode, to blow up
Se souvenir (verbe pronominal) : to remember
Relatif à (adjectif + préposition) : related to
Entretenir (verbe) : to maintain, to look after
Faire de la peine (locution verbale + preposition) : to hurt [sb]'s feelings
Droit international (m) (nom commun) : international law
Cheffe d'orchestre (m, f) (nom commun) : conductor
À tel point que (expression) : to the point where
Également (adverbe) : too

« Dis-moi Céline, ça te **dérangerait** de faire la vaisselle ? dit-elle en **haussant** la voix.

- Oh mais ça n'est pas mon tour ! réplique Céline, **sur la défensive**.

- C'est jamais ton tour, on dirait ! s'énerve Clara. C'est le bordel ici depuis quelques jours, excuse-moi mais je ne peux pas réviser dans cette atmosphère. **Lâche** un peu ton téléphone Céline ! »

Céline s'attendait à tout **sauf** à cette colère de son amie. Elle réagit d'abord en refusant, mais elle comprend rapidement que Clara a raison. Ce n'est pas parce qu'elle a un petit ami merveilleux qu'elle doit laisser sa vie de côté. Elle a des examens, une colocataire, un travail à rechercher, une petite nièce à gâter. Elle va **faire la vaisselle** en ronchonnant, mais s'excuse bien vite :

« Pardon Clara, dit-elle. Je vais faire des efforts. Excuse-moi, je ne me rendais pas compte.

- Je m'excuse aussi, répond Clara. Je me suis énervée un peu vite. Je suis un peu stressée, j'ai du travail, Julien m'écrit, et j'ai peur de **rater** les examens.

- Tu avais raison, je suis devenue paresseuse. Je vais me reprendre et te **soutenir** plus ! »

Les deux amies se réconcilient et rangent un peu l'appartement. Elles prévoient également un planning pour se partager les **tâches ménagères** : les courses, le ménage, le chien, la vaisselle et le **linge**. Elles se répartissent les tâches, et tout leur semble plus simple.

La fin de la semaine se passe ainsi : travail, études, ménage, copines, révisions. Le week-end approche et elles ont hâte de prendre une pause : ce week-end, pas de tennis, mais elles vont au festival de Cannes ! Clara est très impatiente, ce mot résonne dans sa tête comme un événement majeur de l'art du cinéma au niveau mondial. Elles vont peut-être **apercevoir** de grandes stars, et elles vont assister à des projections de films passionnants le soir sur la plage, en accès libre. Ce sera aussi l'occasion de **rendre visite aux** grands-parents de Céline. C'est les vacances avant les vacances !

Déranger (verbe) : to disturb, to bother
Hausser (verbe) : to raise
Être sur la défensive (locution verbale) : to be defensive
Lâcher (verbe) : to drop
Sauf (préposition) : except
Faire la vaisselle (locution verbale) : to do the dishes
Rater (verbe) : to fail
Soutenir (verbe) : to support
Tâche ménagère (f) (nom commun) : housework, domestic task
Linge (m) (nom commun) : laundry
Apercevoir (verbe) : to catch a sight of
Rendre visite à (locution verbale) : to visit, to go to see [sb]

Questions (Chapitre 4)

1. Que veut obtenir Clara pour son année en France ?
a) Une mention
b) Une bourse d'études
c) Un stage
d) Un diplôme

2. Pourquoi Céline a-t-elle du mal à se concentrer sur ses études ?
a) Elle est trop fatiguée
b) Elle a des problèmes de santé
c) Elle n'aime pas ses cours
d) Elle est absorbée par sa nouvelle histoire d'amour

3. Comment les filles s'organisent-elles pour réviser ensemble ?
a) Elles se fixent des objectifs quotidiens à atteindre
b) Elles se rencontrent au café
c) Elles étudient chacune chez elles
d) Elles se retrouvent à la bibliothèque universitaire presque chaque jour

4. Quelle est la réaction de Céline lorsque Clara lui demande de faire la vaisselle ?
a) Elle refuse catégoriquement
b) Elle fait la vaisselle immédiatement
c) Elle se met sur la défensive mais finit par s'excuser
d) Elle ignore la demande

5. Quel est le plan pour le week-end des filles ? (plusieurs réponses possibles)
a) Aller au festival de Cannes
b) Aller au cinéma
c) Rendre visite aux grands-parents de Céline
d) Réviser pour les examens

4. Révisions et stress intenses

Dans leurs vies amoureuses un peu chamboulées, les filles doivent toujours être régulières à la fac et dans la préparation de leurs examens. L'enjeu, pour Clara, est de compenser les quelques mauvaises notes qu'elle a eu au premier semestre. Elle se concentre donc sur les matières dans lesquelles elle se sent un peu plus faible, et elle essaye de calculer au mieux sa stratégie. Elle aimerait obtenir une mention pour son année en France. En fait, elle aimerait rester en France pour ses études !

Céline, de son côté, a beaucoup de mal à se concentrer sur ses études. Elle doit apprendre beaucoup de choses par cœur et elle est très absorbée par sa nouvelle histoire d'amour. Valentine, Clara et Céline se réunissent un soir pour organiser un plan d'attaque : mission, réussir les examens pour passer un bel été ! Et pour passer en seconde année, évidemment.

Elles ont trois semaines avant les partiels. C'est un peu court, sachant que Clara travaille, que Céline et Clara ont prévu d'aller au festival avec la famille avant les partiels et que la fête de la musique se tient bientôt en ville... Elles mettent en commun leurs agendas et choisissent des dates et des horaires pour se rendre ensemble à la bibliothèque universitaire. Presque chaque jour, elles ont au moins une

4. Intense revision and stress

In their slightly disrupted love lives, the girls still have to be consistent at college and in preparing for their exams. For Clara, the challenge is to make up for the few bad marks she got in the first semester. She therefore concentrates on the subjects in which she feels a little weaker, and tries to calculate her strategy as best she can. She'd like to get a mention for her year in France. In fact, she'd like to stay in France for her studies!

Céline, on the other hand, finds it hard to concentrate on her studies. She has to memorize a lot of things and is very absorbed by her new love affair. Valentine, Clara and Céline get together one evening to organize a plan of attack: the mission is to pass the exams and have a great summer! And to get through to the second year, of course.

They have three weeks before the midterms. That's a bit short, considering that Clara is working, Céline and Clara have planned to go to the festival with the family before the midterms, and that Music Day is soon to be held in town... They pool their diaries and choose dates and times to go to the university library together. Almost every day, they have at least one or two hours in common.

ou deux heures en commun. Le jeudi, elles peuvent toutes les trois passer tout l'après-midi à la bibliothèque. Réviser ensemble leur donne un élan de motivation bienvenu, car elles sont toutes les trois très stressées.

La semaine qui suit est donc très studieuse : métro, fac, bibliothèque, thé, dîner, révisions à la maison. Clara passe de nombreuses heures dans ses dictionnaires de français, dictionnaires de l'art, livres sur l'architecture et sur l'archéologie. C'est passionnant, mais son cerveau va exploser ! Elle n'est pas sûre qu'elle se souviendra de tout après les examens. Mais l'essentiel, c'est de s'en souvenir pour les partiels et d'avoir de bons résultats.

Julien manque un peu à Clara, aussi. Mais elle ne lui écrit pas pour prendre la distance nécessaire. Julien, lui, a écrit quelques messages relatifs à des affaires à récupérer, et pour prendre quelques nouvelles. Clara répond seulement rapidement, gentiment bien sûr, mais elle fait de son mieux pour prendre ses distances et ne pas entretenir leur relation. Elle sent la tristesse de Julien dans ses messages, et cela lui fait de la peine. Mais il n'est pas question de revenir sur sa décision, et elle tient bon.

Céline, de son côté, passe plus de temps à écrire des textos à Christophe qu'à travailler quand elle est à la bibliothèque. Valentine et Clara

On Thursdays, the three of them can spend the whole afternoon in the library. Revising together gives them a welcome boost of motivation, as all three of them are very stressed.

The week that follows is a very studious one: metro, university, library, tea, dinner, revisions at home. Clara spends many hours in her French dictionaries, art dictionaries, books on architecture and archaeology. It's fascinating, but her brain is about to explode! She's not sure she'll remember it all after the exams. But the main thing is to remember for the midterms and get good results.

Clara misses Julien a little, too. But she doesn't write to him to get the necessary distance. Julien, for his part, has written a few messages about things he needs to pick up, and to check in. Clara replies only briefly, kindly of course, but she does her best to distance herself and not keep their relationship alive. She senses Julien's sadness in his messages, and it hurts her. But there's no question of going back on her decision, and she holds firm.

Céline, for her part, spends more time texting Christophe than working when she's at the library. Valentine and Clara do their best to motivate

font de leur mieux pour la motiver, mais elle a l'air bien trop amoureuse pour penser à ses leçons de droit international !

Quant à Valentine, elle est égale à elle-même : intelligente, fine, attentionnée et pleine d'humour, elle révise dur et elle est la véritable cheffe d'orchestre de cette petite association de révisions. À tel point que Clara se demande si Valentine est parfois défaillante. Plusieurs fois même, Valentine vient le soir chez les filles avec un repas préparé la veille pour l'occasion. Elles mangent ensemble et se soutiennent encore dans leurs révisions. Mais Céline est un peu moins impliquée... Et dans l'appartement également. Si bien qu'un soir, quand Valentine rentre chez elle, Clara explose :

« Dis-moi Céline, ça te dérangerait de faire la vaisselle ? dit-elle en haussant la voix.

- Oh mais ça n'est pas mon tour ! réplique Céline, sur la défensive.

- C'est jamais ton tour, on dirait ! s'énerve Clara. C'est le bordel ici depuis quelques jours, excuse-moi mais je ne peux pas réviser dans cette atmosphère. Lâche un peu ton téléphone Céline ! »

Céline s'attendait à tout sauf à cette colère de son amie. Elle réagit d'abord en refusant, mais elle comprend

her, but she seems far too much in love to think about her international law lessons!

As for Valentine, she's as good as her word: intelligent, sharp, thoughtful and full of humor, she revises hard and is the real conductor of this little revision association. So much so, in fact, that Clara wonders if Valentine ever fails. On several occasions, Valentine even comes to the girls' house in the evening with a meal prepared for the occasion the day before. They eat together and support each other in their revisions. But Céline is a little less involved... And in the apartment too. So much so that one evening, when Valentine returns home, Clara explodes:

"Tell me, Céline, would you mind doing the dishes? she says, raising her voice.

- Oh, but it's not my turn! replies Céline, defensively.

- It's never your turn, it seems! Clara snaps. I'm sorry, but I can't study in this atmosphere. Get off the phone, Céline!"

Céline had expected anything but this anger from her friend. Her first reaction was to refuse, but she

rapidement que Clara a raison. Ce n'est pas parce qu'elle a un petit ami merveilleux qu'elle doit laisser sa vie de côté. Elle a des examens, une colocataire, un travail à rechercher, une petite nièce à gâter. Elle va faire la vaisselle en ronchonnant, mais s'excuse bien vite :

« Pardon Clara, dit-elle. Je vais faire des efforts. Excuse-moi, je ne me rendais pas compte.

- Je m'excuse aussi, répond Clara. Je me suis énervée un peu vite. Je suis un peu stressée, j'ai du travail, Julien m'écrit, et j'ai peur de rater les examens.

- Tu avais raison, je suis devenue paresseuse. Je vais me reprendre et te soutenir plus ! »

Les deux amies se réconcilient et rangent un peu l'appartement. Elles prévoient également un planning pour se partager les tâches ménagères : les courses, le ménage, le chien, la vaisselle et le linge. Elles se répartissent les tâches, et tout leur semble plus simple.

La fin de la semaine se passe ainsi : travail, études, ménage, copines, révisions. Le week-end approche et elles ont hâte de prendre une pause : ce week-end, pas de tennis, mais elles vont au festival de Cannes ! Clara est très impatiente, ce mot résonne dans sa tête comme un événement majeur

soon realized that Clara was right. Just because she has a wonderful boyfriend doesn't mean she has to put her life on hold. She has exams, a roommate, a job to look for, a little niece to spoil. She goes to do the dishes, grumbling, but quickly apologizes:

"Sorry Clara, she says. I'll try harder. I'm sorry, I didn't realize.

- I'm sorry too, Clara replies. I got a bit carried away. I'm a bit stressed, I've got work to do, Julien is writing to me, and I'm afraid I'm going to miss my exams.

- You were right, I've become lazy. I'm going to pull myself together and support you more!"

The two friends make up and tidy up the apartment. They also draw up a schedule for sharing the household chores: shopping, cleaning, dog care, washing up and laundry. They divide up the tasks, and everything seems simpler.

The end of the week goes like this: work, study, housework, friends, revision. The weekend approaches, and they can't wait to take a break: no tennis this weekend, but they are going to the Cannes Film Festival! Clara can't wait, the word resonates in her head as a major event in the art

de l'art du cinéma au niveau mondial. Elles vont peut-être apercevoir de grandes stars, et elles vont assister à des projections de films passionnants le soir sur la plage, en accès libre. Ce sera aussi l'occasion de rendre visite aux grands-parents de Céline. C'est les vacances avant les vacances !	of cinema worldwide. Maybe they'll catch a glimpse of some big stars, and they'll be able to watch some exciting films in the evenings on the beach, with free access. It's also a chance to visit Céline's grandparents. It's the vacation before the vacation!

Questions (Chapitre 4)

1. Que veut obtenir Clara pour son année en France ?
a) Une mention
b) Une bourse d'études
c) Un stage
d) Un diplôme

2. Pourquoi Céline a-t-elle du mal à se concentrer sur ses études ?
a) Elle est trop fatiguée
b) Elle a des problèmes de santé
c) Elle n'aime pas ses cours
d) Elle est absorbée par sa nouvelle histoire d'amour

3. Comment les filles s'organisent-elles pour réviser ensemble ?
a) Elles se fixent des objectifs quotidiens à atteindre
b) Elles se rencontrent au café
c) Elles étudient chacune chez elles
d) Elles se retrouvent à la bibliothèque universitaire presque chaque jour

4. Quelle est la réaction de Céline lorsque Clara lui demande de faire la vaisselle ?
a) Elle refuse catégoriquement
b) Elle fait la vaisselle immédiatement
c) Elle se met sur la défensive mais finit par s'excuser
d) Elle ignore la demande

5. Quel est le plan pour le week-end des filles ? (plusieurs réponses possibles)
a) Aller au festival de Cannes
b) Aller au cinéma

Questions (Chapter 4)

1. What does Clara want to achieve for her year in France?
a) A mention
b) A scholarship
c) An internship
d) A diploma

2. Why does Céline struggle to concentrate on her studies?
a) She's too tired
b) She has health issues
c) She doesn't like her classes
d) She is absorbed in her new love story

3. How do the girls organize themselves to study together?
a) They set daily goals to achieve
b) They meet at the café
c) They study individually at home
d) They gather at the university library almost every day

4. What is Céline's reaction when Clara asks her to do the dishes?
a) She categorically refuses
b) She does the dishes immediately
c) She gets defensive but eventually apologizes
d) She ignores the request

5. What is the plan for the girls' weekend? (multiple answers possible)
a) Go to the Cannes Film Festival
b) Go to the cinema

c) Rendre visite aux grands-parents de Céline
d) Réviser pour les examens

c) Visit Céline's grandparents
d) Study for the exams

5. Week-end à Cannes pour le festival

Les filles sont complètement ravies de se préparer enfin pour le festival de Cannes. Clara **se félicite des** jolis vêtements qu'elle a achetés pour ce printemps : elle imagine déjà que dans le Sud de la France, pour une **telle** occasion, tout le monde va être très chic, et elle veut avoir l'air élégante aussi ! La famille ne part que pour le week-end, alors les **valises** sont vite préparées. Une paire de chaussures fermées, une paire de sandales, une jolie robe, un foulard, un **sac à main**, et hop !

Valentine accepte avec plaisir de prendre Scruffles pour le temps du voyage. Elle adore le petit chien. C'est la première fois que Clara laisse sa boule de poil sans elle pour plus d'un jour et elle est un peu inquiète. Mais elle **fait** entièrement **confiance à** Valentine pour qu'elle **prenne** bien **soin** de lui.

Christophe est un peu déçu de ne pas avoir son cours de tennis **hebdomadaire** avec les filles, mais il est parfaitement heureux pour elles. **Pour couronner le tout**, Isabelle et Marc viennent avec la petite ! Un premier voyage avec un **nouveau-né**, c'est un peu compliqué, mais **faisable**. Ils partent tous ensemble en train dès le vendredi après-midi. Le vendredi soir et le samedi soir, il y aura des projections de films sur la plage. Le samedi, ils **se promèneront** en famille dans la ville de Cannes, et le dimanche, ils iront déjeuner avec les

grands-parents de Céline. Comme ils ne sont pas en voiture, ils ne peuvent pas aller jusqu'au village où ils habitent, mais c'est eux qui viendront à Cannes.

Se féliciter de (verbe pronominal) : to be glad, to be pleased
Tel (adjectif) : such
Valise (f) (nom commun) : suitcase
Sac à main (m) (nom commun) : purse, handbag
Faire confiance à (locution verbale + préposition) : to trust
Prendre soin (locution verbale) : to take care of, to look after
Hebdomadaire (adjectif) : weekly
Pour couronner le tout (expression) : to cap it all, to top it all
Nouveau-né (m) (nom commun) : newborn
Faisable (adjectif) : feasible, practicable, doable
Se promener (verbe pronominal) : to go for a walk

Le train est **à l'heure** à la **gare** de la Part Dieu. Clara n'était encore jamais venue dans ce quartier : ce n'est pas très glamour, en effet. Céline explique que c'est surtout le quartier des **affaires** de Lyon. Il y a beaucoup de **bureaux** et beaucoup de boutiques, beaucoup d'entreprises. Beaucoup de restaurants, aussi, qui fonctionnent très bien le midi. Mais tout près de La Part Dieu, il y a des quartiers très sympa. La gare n'est pas immense, mais Clara constate que des trains partent un peu dans toutes les directions : Lyon est très central, on peut aller à Montpellier, en Suisse, à Paris, en Bretagne, à Marseille, dans les Alpes... Cela donne des envies de voyages à Clara !

De plus, le train est rapide et confortable. En quatre heures, ils sont arrivés ! « Oh, c'est un peu **lent**, tu sais : en deux heures on serait à Marseille, et en une heure trente, à Paris ! » explique Patrick. Paris... Rien que ce mot **fait rêver** Clara. Elle a tellement hâte d'y aller cet **été** ! Dans le train, Céline et Clara **papotent** de leur semaine, de leurs prochains voyages, des projets pour l'été. Elles ont plein de projets : Antibes, Paris, Bruxelles... Céline espère que Christophe viendra avec elles pour quelques jours, peut-être à Bruxelles !

À l'arrivée à Cannes, Clara est très surprise : le **climat** est tellement différent ! Il fait incroyablement doux, alors que la journée est bientôt terminée. Il fait déjà bon à Lyon, mais pas si chaud. Elle est absolument ravie. La famille pose ses valises à l'hôtel et **se dépêche** vers la plage pour assister à la projection **en plein air**. Isabelle ne vient pas, car elle préfère se reposer avec la petite Marie, pour laquelle le trajet en train était un peu long. Marc **prendra le relais** le lendemain.

À l'heure (locution adverbiale) : on time
Gare (f) (nom commun) : train station
Affaires (f, pl) (nom commun) : business (in this context)
Bureau (m) (nom commun) : office
De plus (locution adverbiale) : what is more, furthermore
Lent (adjectif) : slow
Faire rêver (locution verbale) : to make someone dream
Été (m) (nom commun) : summer
Papoter (verbe) : to talk, to chat, to gossip
Climat (m) (nom commun) : weather
Se dépêcher (verbe pronominal) : to hurry, to rush
En plein air (locution verbale) : outdoors, open-air
Prendre le relais (locution verbale) : to take over

Le film projeté était très beau, et Céline en a eu les larmes aux yeux. Toute la famille **a faim** après la projection, et ils **rejoignent** Isabelle dans un restaurant non loin de leur hôtel. Au menu : **poisson** pour tout le monde ! C'est délicieux. La nuit à l'hôtel n'est **perturbée** par aucun bruit pour Clara et Céline. Pour Isabelle et Marc, c'est un peu plus difficile, Marie se réveille souvent. Mais chacun affiche un sourire radieux au petit-déjeuner continental copieux de l'hôtel. Croissants, café, thé, confitures, œufs, céréales, yaourts, charcuterie... Tout y est et tout est bon. Clara est obligée de **se retenir** pour ne pas trop manger !

Puis la journée se passe **tranquillement**. Enfin, tranquillement... Cannes est extrêmement fréquenté en cette période de l'année, **bien entendu**. Le festival de Cannes est l'un des évènements artistiques les plus médiatiques au monde ! Il y a des journalistes partout, et beaucoup de touristes. Dans l'après-midi, la famille va au cinéma pour voir un documentaire très intéressant. Le soir, nouvelle projection en plein air sur la plage, et de nouveau un restaurant de poisson. Clara et Céline se disent qu'elles pourraient supporter ce rythme longtemps ! Et le dimanche est à nouveau un **régal** : les grands-parents sont très heureux de rencontrer la petite Marie pour la première fois. Marie dort toute la matinée dans les bras de son **arrière-grand-mère**. Marc n'arrête pas de prendre des photos.

À midi, ils se rendent dans l'un des meilleurs restaurants de la ville. Aïoli, bouillabaisse, daube provençale... C'est un festival de **plats** délicieux ! Et une découverte de la cuisine méditerranéenne pour Clara. Elle documente tout le repas en prenant des photos. Elle note **soigneusement** les noms des plats

et **envisage** d'essayer quelques recettes à leur retour à Lyon.

Le soir, quand il faut partir, les filles sont un peu tristes : c'est passé très vite. Il va falloir se remettre à travailler ! Quelle rase... Mais elles profitent encore du voyage en train en bavardant. Céline a apporté un **jeu d'échecs** et elles s'entraînent ensemble. À la gare, Valentine les attend gentiment avec Scruffles. Tout s'est bien passé ! Le petit chien est tout content de revoir Clara et saute partout en **gémissant**. Il est drôle à voir ! Un taxi dépose chacun à destination, Valentine, les parents de Céline, et les deux amies avec le chien. Les filles sont épuisées. Un thé, un bon livre, et au lit !

Avoir faim (locution verbale) : to be hungry
Rejoindre (verbe) : to join
Poisson (m) (nom commun) : fish
Perturbé (adjectif) : disturbed, troubled
Se retenir (verbe pronominal) : to hold back
Tranquillement (adverbe) : quietly, peacefully
Bien entendu (locution adverbiale) : of course, naturally
Régal (m) (nom commun) : treat, delight
Arrière-grand-mère (f) (nom commun) : great-grandmother
Plat (m) (nom commun) : dish
Soigneusement (adverbe) : carefully, neatly
Envisager (verbe) : to contemplate, to consider
Jeu d'échecs (m) (nom commun) : chess set
Gémir (verbe) : to moan, to whine

Questions (Chapitre 5)

1. Pourquoi Clara est-elle inquiète au sujet de Scruffles ?
a) Parce qu'il est malade
b) Parce qu'il n'aime pas voyager en train
c) Parce qu'il a perdu son collier
d) Parce qu'elle le laisse pour la première fois

2. Quand la famille part-elle à Cannes ?
a) Vendredi matin
b) Vendredi après-midi
c) Samedi matin
d) Samedi après-midi

3. Où se rendent-ils pour dîner après la projection en plein air ?
a) Dans un restaurant asiatique
b) Dans un restaurant de poisson
c) Dans un fast-food
d) Dans un café branché

4. Qu'est-ce que Clara envisag de faire lors de son retour à Lyon ?
a) Essayer de nouvelles recettes de cuisine
b) Aller au cinéma
c) Faire du shopping
d) Commencer un nouveau hobby

5. Que font Clara et Céline pendant le voyage de retour en train ?
a) Elles dorment
b) Elles regardent un film
c) Elles jouent aux échecs
d) Elles lisent un livre

5. Week-end à Cannes pour le festival

Les filles sont complètement ravies de se préparer enfin pour le festival de Cannes. Clara se félicite des jolis vêtements qu'elle a achetés pour ce printemps : elle imagine déjà que dans le Sud de la France, pour une telle occasion, tout le monde va être très chic, et elle veut avoir l'air élégante aussi ! La famille ne part que pour le week-end, alors les valises sont vite préparées. Une paire de chaussures fermées, une paire de sandales, une jolie robe, un foulard, un sac à main, et hop !

Valentine accepte avec plaisir de prendre Scruffles pour le temps du voyage. Elle adore le petit chien. C'est la première fois que Clara laisse sa boule de poil sans elle pour plus d'un jour et elle est un peu inquiète. Mais elle fait entièrement confiance à Valentine pour qu'elle prenne bien soin de lui.

Christophe est un peu déçu de ne pas avoir son cours de tennis hebdomadaire avec les filles, mais il est parfaitement heureux pour elles. Pour couronner le tout, Isabelle et Marc viennent avec la petite ! Un premier voyage avec un nouveau-né, c'est un peu compliqué, mais faisable. Ils partent tous ensemble en train dès le vendredi après-midi. Le vendredi soir et le samedi soir, il y aura des projections de films sur la

5. Weekend in Cannes for the film festival

The girls are thrilled to finally be getting ready for the Cannes Film Festival. Clara is delighted with the pretty clothes she's bought for this spring: she already imagines that in the South of France, for such an occasion, everyone is going to be very chic, and she wants to look elegant too! The family is only leaving for the weekend, so the suitcases are quickly packed. A pair of closed-toe shoes, a pair of sandals, a pretty dress, a scarf, a handbag, and off you go!

Valentine is happy to take Scruffles for the duration of the trip. She adores the little dog. It's the first time Clara has left her fur ball without her for more than a day, and she's a little worried. But she trusts Valentine to take good care of him.

Christophe is a little disappointed not to have his weekly tennis lesson with the girls, but he's perfectly happy for them. To top it all off, Isabelle and Marc come along with the little one! A first trip with a newborn is a bit complicated, but doable. They all set off together by train on Friday afternoon. On Friday evening and Saturday evening, there will be film screenings on the beach. On Saturday, they'll take a family

plage. Le samedi, ils se promèneront en famille dans la ville de Cannes, et le dimanche, ils iront déjeuner avec les grands-parents de Céline. Comme ils ne sont pas en voiture, ils ne peuvent pas aller jusqu'au village où ils habitent, mais c'est eux qui viendront à Cannes.

Le train est à l'heure à la gare de la Part Dieu. Clara n'était encore jamais venue dans ce quartier : ce n'est pas très glamour, en effet. Céline explique que c'est surtout le quartier des affaires de Lyon. Il y a beaucoup de bureaux et beaucoup de boutiques, beaucoup d'entreprises. Beaucoup de restaurants, aussi, qui fonctionnent très bien le midi. Mais tout près de La Part Dieu, il y a des quartiers très sympa. La gare n'est pas immense, mais Clara constate que des trains partent un peu dans toutes les directions : Lyon est très central, on peut aller à Montpellier, en Suisse, à Paris, en Bretagne, à Marseille, dans les Alpes... Cela donne des envies de voyages à Clara !

De plus, le train est rapide et confortable. En quatre heures, ils sont arrivés ! « Oh, c'est un peu lent, tu sais : en deux heures on serait à Marseille, et en une heure trente, à Paris ! » explique Patrick. Paris... Rien que ce mot fait rêver Clara. Elle a tellement hâte d'y aller cet été ! Dans le train, Céline et Clara papotent de leur semaine, de leurs prochains voyages, des projets pour

walk around Cannes, and on Sunday, they'll have lunch with Céline's grandparents. As they don't have a car, they can't go as far as the village where they live, but they will come to Cannes.

The train arrives on time at the Part Dieu station. Clara had never been to this area before: it's not very glamorous, indeed. Céline explains that it's mainly Lyon's business district. There are lots of offices and stores, lots of businesses. Lots of restaurants, too, which do very well at lunchtime. But there are some very nice neighborhoods very close to La Part Dieu. The train station isn't huge, but Clara notices that trains leave in all directions: Lyon is very central, and you can go to Montpellier, Switzerland, Paris, Brittany, Marseille, the Alps... It all makes Clara want to travel!

What's more, the train is fast and comfortable. In four hours, they arrived! "Oh, it's a bit slow, you know: in two hours we'd be in Marseille, and in an hour and a half, in Paris!" explains Patrick. Paris... The very word makes Clara dream. She can't wait to get there this summer! On the train, Céline and Clara chat about their week, their upcoming trips and their plans for the summer. They

l'été. Elles ont plein de projets : Antibes, Paris, Bruxelles... Céline espère que Christophe viendra avec elles pour quelques jours, peut-être à Bruxelles !

À l'arrivée à Cannes, Clara est très surprise : le climat est tellement différent ! Il fait incroyablement doux, alors que la journée est bientôt terminée. Il fait déjà bon à Lyon, mais pas si chaud. Elle est absolument ravie. La famille pose ses valises à l'hôtel et se dépêche vers la plage pour assister à la projection en plein air. Isabelle ne vient pas, car elle préfère se reposer avec la petite Marie, pour laquelle le trajet en train était un peu long. Marc prendra le relais le lendemain.

Le film projeté était très beau, et Céline en a eu les larmes aux yeux. Toute la famille a faim après la projection, et ils rejoignent Isabelle dans un restaurant non loin de leur hôtel. Au menu : poisson pour tout le monde ! C'est délicieux. La nuit à l'hôtel n'est perturbée par aucun bruit pour Clara et Céline. Pour Isabelle et Marc, c'est un peu plus difficile, Marie se réveille souvent. Mais chacun affiche un sourire radieux au petit-déjeuner continental copieux de l'hôtel. Croissants, café, thé, confitures, œufs, céréales, yaourts, charcuterie... Tout y est et tout est bon. Clara est obligée de se retenir pour ne pas trop manger !

have lots of plans: Antibes, Paris, Brussels... Céline hopes Christophe will come with them for a few days, perhaps to Brussels!

On arrival in Cannes, Clara is very surprised: the climate is so different! It's incredibly mild, even though the day is almost over. It's already warm in Lyon, but not this hot. She's absolutely delighted. The family set down their suitcases at the hotel and hurried to the beach to attend the outdoor screening. Isabelle doesn't come, preferring to rest with little Marie, for whom the train journey was a bit long. Marc will take over the next day.

The film was very beautiful, and brought tears to Céline's eyes. The whole family is hungry after the screening, and they join Isabelle in a restaurant not far from their hotel. On the menu: fish for everyone! Delicious! The night at the hotel is undisturbed by noise for Clara and Céline. For Isabelle and Marc, it's a little more difficult, as Marie often wakes up. But everyone is smiling brightly at the hotel's hearty continental breakfast. Croissants, coffee, tea, jams, eggs, cereals, yoghurts, cold meats... It's all there and it's all good. Clara has to hold back to avoid overeating!

Puis la journée se passe tranquillement. Enfin, tranquillement... Cannes est extrêmement fréquenté en cette période de l'année, bien entendu. Le festival de Cannes est l'un des évènements artistiques les plus médiatiques au monde ! Il y a des journalistes partout, et beaucoup de touristes. Dans l'après-midi, la famille va au cinéma pour voir un documentaire très intéressant. Le soir, nouvelle projection en plein air sur la plage, et de nouveau un restaurant de poisson. Clara et Céline se disent qu'elles pourraient supporter ce rythme longtemps ! Et le dimanche est à nouveau un régal : les grands-parents sont très heureux de rencontrer la petite Marie pour la première fois. Marie dort toute la matinée dans les bras de son arrière-grand-mère. Marc n'arrête pas de prendre des photos.

À midi, ils se rendent dans l'un des meilleurs restaurants de la ville. Aïoli, bouillabaisse, daube provençale... C'est un festival de plats délicieux ! Et une découverte de la cuisine méditerranéenne pour Clara. Elle documente tout le repas en prenant des photos. Elle note soigneusement les noms des plats et envisage d'essayer quelques recettes à leur retour à Lyon.

Le soir, quand il faut partir, les filles sont un peu tristes : c'est passé très vite. Il va falloir se remettre à

Then the day passed quietly. Well, quietly... Cannes is extremely busy at this time of year, of course. The Cannes Film Festival is one of the most talked-about artistic events in the world! There are journalists everywhere, and lots of tourists. In the afternoon, the family goes to the cinema to see a very interesting documentary. In the evening, another open-air screening on the beach, and again a fish restaurant. Clara and Céline think they can stand this pace for a long time! And Sunday is another treat: the grandparents are delighted to meet little Marie for the first time. Marie sleeps all morning in her great-grandmother's arms. Marc can't stop taking photos.

At noon, they head off to one of the town's best restaurants. Aïoli, bouillabaisse, daube provençale... It's a festival of delicious dishes! And a discovery of Mediterranean cuisine for Clara. She documents the entire meal by taking photos. She carefully notes down the names of the dishes and plans to try a few recipes when they get back to Lyon.

In the evening, when it's time to leave, the girls are a little sad: it's all gone by so quickly. We'll have to get back

travailler ! Quelle rase... Mais elles profitent encore du voyage en train en bavardant. Céline a apporté un jeu d'échecs et elles s'entraînent ensemble. À la gare, Valentine les attend gentiment avec Scruffles. Tout s'est bien passé ! Le petit chien est tout content de revoir Clara et saute partout en gémissant. Il est drôle à voir ! Un taxi dépose chacun à destination, Valentine, les parents de Céline, et les deux amies avec le chien. Les filles sont épuisées. Un thé, un bon livre, et au lit !	to work! How lame... But they're still enjoying the train journey, chatting away. Céline has brought along her chess set, and they practice together. At the station, Valentine is kindly waiting for them with Scruffles. Everything went well! The little dog is delighted to see Clara again and jumps around whimpering. He's fun to watch! A cab drops everyone off at their destination: Valentine, Céline's parents and the two friends with the dog. The girls are exhausted. Tea, a good book and off to bed!

Questions (Chapitre 5)

1. Pourquoi Clara est-elle inquiète au sujet de Scruffles ?
a) Parce qu'il est malade
b) Parce qu'il n'aime pas voyager en train
c) Parce qu'il a perdu son collier
d) Parce qu'elle le laisse pour la première fois

2. Quand la famille part-elle à Cannes ?
a) Vendredi matin
b) Vendredi après-midi
c) Samedi matin
d) Samedi après-midi

3. Où se rendent-ils pour dîner après la projection en plein air ?
a) Dans un restaurant asiatique
b) Dans un restaurant de poisson
c) Dans un fast-food
d) Dans un café branché

4. Qu'est-ce que Clara envisage de faire lors de son retour à Lyon ?
a) Essayer de nouvelles recettes de cuisine
b) Aller au cinéma
c) Faire du shopping
d) Commencer un nouveau hobby

5. Que font Clara et Céline pendant le voyage de retour en train ?
a) Elles dorment
b) Elles regardent un film
c) Elles jouent aux échecs
d) Elles lisent un livre

Questions (Chapter 5)

1. Why is Clara worried about Scruffles?
a) Because he is sick
b) Because he doesn't like travelling by train
c) Because he lost his collar
d) Because she is leaving him for the first time

2. When does the family leave for Cannes?
a) Friday morning
b) Friday afternoon
c) Saturday morning
d) Saturday afternoon

3. Where do they go to have dinner after the outdoor screening?
a) In an Asian restaurant
b) In a seafood restaurant
c) In a fast-food restaurant
d) In a trendy café

4. What does Clara plan to do upon returning to Lyon?
a) Try new cooking recipes
b) Go to the movies
c) Go shopping
d) Start a new hobby

5. What do Clara and Céline do during the train journey back?
a) They sleep
b) They watch a movie
c) They play chess
d) They read a book

6. La fête de la musique

C'était un week-end fantastique. Clara, en début de semaine, a eu beaucoup de mal à se remettre au travail. Elle a encore les yeux qui **pétillent** de tout ce qu'elle a découvert - et mangé ! Pour se remettre au travail, **heureusement**, elle a Valentine. Dès le lundi après-midi, celle-ci lui écrit pour lui rappeler leur **rendez-vous** à la bibliothèque. Clara écrit à son tour à Céline pour la motiver. Mais Céline a rendez-vous avec Christophe pour un café.

Elles étudient pendant trois heures. C'est long, mais **au milieu**, Clara prend une pause pour chercher la recette de la daube provençale. Elle veut absolument essayer d'en cuisiner une à la maison. C'était bien trop bon ! Elle pourra mettre un article à ce sujet sur son blog. **Puis**, quand les filles se sentent fatiguées de travailler, elles décident de rentrer ensemble. Valentine invite Clara à dîner chez elle, alors Clara vérifie **d'abord**, pour le chien : elle envoie un message à Céline pour voir si elle est à l'appartement. Elle y est, avec Christophe. Tout va bien, le chien a eu sa promenade, il dort déjà.

Sur la route, Valentine achète quelques légumes et un filet de poisson. Elle prévoit quelque chose de simple mais délicieux, avec du **citron**. Clara achète quelques olives pour **picorer** avant de manger. Elle s'est bien faite à l'apéritif français : manger quelques petites choses avant de manger vraiment – avec

ou sans verre de vin. Valentine rit en la voyant, elle pense qu'elle est devenue **quasiment** française en très peu de temps. Quel **pouvoir** d'adaptation ! Clara rit aussi. Elle se demande bien comment elle a pu vivre différemment, **à vrai dire**. Le rythme de ses études lyonnaises lui **va comme un gant** !

Pétiller (verbe) : to sparkle
Heureusement (adverbe) : fortunately, luckily
Rendez-vous (m) (nom commun) : appointment, meeting
Au milieu (locution adverbiale) : in the middle
Puis (adverbe) : then
D'abord (adverbe) : first, first of all
Citron (m) (nom commun) : lemon
Picorer (verbe) : to nibble, to pick at
Quasiment (adverbe) : nearly, almost
Pouvoir (m) (nom commun) : power
À vrai dire (expression) : to tell the truth, to be honest
Aller comme un gant (locution adverbiale) : to fit/suit like a glove

Le dîner entre amies est également l'occasion de discuter des nouvelles histoires de l'une et de l'autre. Clara explique **en profondeur** sa séparation avec Julien. Valentine, elle, **avoue** avoir un **pincement au cœur** pour un jeune homme rencontré à la fac. Il n'est pas dans les mêmes amphithéâtres, mais il participe à quelques réunions politiques auxquelles Valentine aime aller, pour s'informer des nouvelles réformes politiques, pour **être à jour**.

« Tu vas rire. Il s'appelle Valentin, raconte Valentine.

- Pardon ? Tu as **réussi** à rencontrer un Valentin ? Mais c'est génial, dis m'en plus ! dit Clara en riant.

- Alors, il est très grand, il a les cheveux **gris**, il…

- Les cheveux gris ? demande Clara, perplexe.

- Oui, mais il est jeune ! répond Valentine en riant. Il a vingt-cinq ans. Ça arrive ! Il est canon, si tu savais. On discute parfois après les réunions. Au début, il ne m'intéressait pas **franchement**. Mais depuis qu'il m'a **branchée** sur le jeu d'échecs, je penche un peu pour lui.

- Alors toi aussi, les échecs, c'est ta passion ? Il faut que j'apprenne, ajoute

Clara. Et aussi, il faut qu'on joue au tarot ! On m'a dit que c'est un jeu super. Tu sais **quoi**, on devrait organiser une soirée jeux après les partiels. Tu pourras inviter ton Valentin ! Et moi je cuisinerai une daube provençale. »

Deal. Valentine **est** complètement **pour**. Ils pourront faire ça chez elle, car le salon et la cuisine sont un peu plus confortables. Voilà qui enchante les deux amies, un peu fatiguées de leurs révisions. Puis Clara raconte son week-end à Cannes. Les jolies rues, la mer, les films, les journalistes un peu partout, les gens si élégants, la musique partout... **À propos de** musique, Valentine se souvient : ce week-end, c'est la fête de la musique dans toute la France ! Elle explique à Clara :

En profondeur (locution adverbiale) : deeply, in depth
Avouer (verbe) : to confess, to admit
Pincement au cœur (m) (nom commun) : twinge of affection, heartache
Être à jour (locution adverbiale) : to be up to date
Réussir (verbe) : to succeed
Gris (m) (nom commun) : gray
Franchement (adverbe) : frankly, honestly
Brancher (verbe) : to turn someone on
Quoi (pronom) : what
Être pour (locution verbale + préposition) : to be for
À propos de (locution prépositionnel) : about, regarding

« Pour le 21 juin, le premier jour de l'été, on fait la fête de la musique. C'est génial, tu vas voir. C'est un ministre qui a créé cette fête **d'après** l'idée d'un musicien. La première fête de la musique **a eu lieu** en France en 1982. Aujourd'hui, elle est célébrée dans de nombreux pays. Le **principe** est super : les musiciens, toi, moi, n'importe qui qui saurait **jouer d'un instrument**, est invité à jouer dans la rue. En France, on a beaucoup de petits groupes, des intermittents du spectacle. C'est l'occasion de **se faire connaître**. L'ambiance est vraiment chaleureuse, tu vas voir. »

Clara regarde son téléphone. C'est le week-end prochain ! Bon, il faut travailler dur cette semaine pour s'autoriser cette sortie. **À ce propos**, il est déjà dix heures du soir, et Clara décide de rentrer pour **se coucher** tôt. Les deux amies se donnent rendez-vous à la fac le lendemain.

Et le reste de la semaine se passe, **studieux**. Céline parvient à se motiver un peu plus. Quand le week-end arrive enfin, les filles n'ont qu'une envie : **se**

détendre. Tennis, amis, bière en terrasse, et musique ! Quand le soir arrive, Clara est impressionnée : il y a de la musique absolument partout, dans toutes les rues. Les gens **déambulent**, heureux, un verre à la main. Max et Constance sont là, avec Valentine, Céline, Christophe et Clara. Ils assistent à plusieurs concerts. Ce qui est fantastique, c'est de pouvoir écouter une chanson ici, puis un **morceau** là-bas ; de changer de style de musique à chaque fois. La fête se termine très tard, et les six amis n'ont pas envie de rentrer. Mais vers trois heures du matin, un peu **éméchés** et très fatigués, chacun se dit qu'il vaut mieux rentrer, pour profiter du dimanche pleinement.

Quand les filles rentrent chez elles, le chien dort si profondément qu'il ronfle. Elles vont faire la même chose, en faisant attention à ne pas le réveiller. Fatiguées, elles s'endorment en un **clin d'œil**. Le lendemain, il fait très beau, et Clara décide d'aller faire le marché…

D'après (préposition) : according to, based on
Avoir lieu (locution verbale) : to take place
Principe (m) (nom commun) : principle
Jouer d'un instrument (locution verbale) : to play an instrument
Se faire connaître (locution verbale) : to make a name for yourself
À ce propos (locution adverbiale) : speaking of which, that reminds me
Se coucher (verbe pronominal) : to go to bed
Studieux (adjectif) : studious, hard-working
Se détendre (verbe pronominal) : to relax
Déambuler (verbe) : to walk around
Morceau (m) (nom commun) : piece, bit, fragment
Éméché (adjectif) : merry, tipsy, slightly drunk
Clin d'œil (m) (nom commun) : wink

Questions (Chapitre 6)

1. Qu'est-ce qui motive Clara et Valentine à étudier à la bibliothèque ?
a) Leur amour pour les livres
b) Leurs examens à venir
c) Leur désir de réussir leurs études
d) Les vacances prochaines

2. Que prévoit de cuisiner Clara après avoir fait une pause dans ses études ?
a) Daube provençale
b) Ratatouille
c) Coq au vin
d) Bouillabaisse

3. De quel événement qui se déroule bientôt, Valentine parle-t-elle à Clara ?
a) Une conférence politique
b) Un tournoi d'échecs
c) Le Festival de Cannes
d) La célébration de la fête de la musique

4. Qu'est-ce qui est spécial à propos de la célébration de la fête de la musique selon Valentine ?
a) Elle est célébrée uniquement à Lyon
b) Les musiciens jouent dans les rues
c) C'est une fête religieuse
d) Elle est organisée par un musicien célèbre

5. Comment Clara et ses amis terminent-ils leur célébration de la fête de la musique ?
a) En allant à un restaurant
b) En allant voir un film en fin de soirée
c) En écoutant de la musique dans les rues
d) En rentrant chez eux tard dans la nuit

6. La fête de la musique

C'était un week-end fantastique. Clara, en début de semaine, a eu beaucoup de mal à se remettre au travail. Elle a encore les yeux qui pétillent de tout ce qu'elle a découvert - et mangé ! Pour se remettre au travail, heureusement, elle a Valentine. Dès le lundi après-midi, celle-ci lui écrit pour lui rappeler leur rendez-vous à la bibliothèque. Clara écrit à son tour à Céline pour la motiver. Mais Céline a rendez-vous avec Christophe pour un café.

Elles étudient pendant trois heures. C'est long, mais au milieu, Clara prend une pause pour chercher la recette de la daube provençale. Elle veut absolument essayer d'en cuisiner une à la maison. C'était bien trop bon ! Elle pourra mettre un article à ce sujet sur son blog. Puis, quand les filles se sentent fatiguées de travailler, elles décident de rentrer ensemble. Valentine invite Clara à dîner chez elle, alors Clara vérifie d'abord, pour le chien : elle envoie un message à Céline pour voir si elle est à l'appartement. Elle y est, avec Christophe. Tout va bien, le chien a eu sa promenade, il dort déjà.

Sur la route, Valentine achète quelques légumes et un filet de poisson. Elle prévoit quelque chose de simple mais délicieux, avec du citron. Clara achète quelques olives pour picorer avant de manger. Elle s'est bien faite

6. Music Day

It was a fantastic weekend. Clara had a hard time getting back to work at the beginning of the week. Her eyes are still sparkling from all she's discovered - and eaten! Fortunately, she has Valentine to help her get back to work. On Monday afternoon, she writes to remind her of their appointment at the library. Clara in turn writes to Céline to motivate her. But Céline has a coffee date with Christophe.

They study for a good three hours. It's a long time, but in the middle Clara takes a break to look up the recipe for daube provençale. She absolutely has to try cooking one at home. It was just too good! She'll be able to write about it on her blog. Then, when the girls get tired of working, they decide to go home together. Valentine invites Clara to dinner at her place, so Clara checks on the dog first: she sends a message to Céline to see if she's at the apartment. She's there, with Christophe. All's well, the dog has had his walk and is already asleep.

On the way, Valentine buys some vegetables and a fish fillet. She's planning something simple but delicious, with lemon. Clara buys a few olives to pick at before eating. She's quite used to the French

à l'apéritif français : manger quelques petites choses avant de manger vraiment – avec ou sans verre de vin. Valentine rit en la voyant, elle pense qu'elle est devenue quasiment française en très peu de temps. Quel pouvoir d'adaptation ! Clara rit aussi. Elle se demande bien comment elle a pu vivre différemment, à vrai dire. Le rythme de ses études lyonnaises lui va comme un gant !

Le dîner entre amies est également l'occasion de discuter des nouvelles histoires de l'une et de l'autre. Clara explique en profondeur sa séparation avec Julien. Valentine, elle, avoue avoir un pincement au cœur pour un jeune homme rencontré à la fac. Il n'est pas dans les mêmes amphithéâtres, mais il participe à quelques réunions politiques auxquelles Valentine aime aller, pour s'informer des nouvelles réformes politiques, pour être à jour.

« Tu vas rire. Il s'appelle Valentin, raconte Valentine.

- Pardon ? Tu as réussi à rencontrer un Valentin ? Mais c'est génial, dis m'en plus ! dit Clara en riant.

- Alors, il est très grand, il a les cheveux gris, il...

- Les cheveux gris ? demande Clara, perplexe.

- Oui, mais il est jeune ! répond Valentine en riant. Il a vingt-cinq

apéritif: eating a few things before really eating - with or without a glass of wine. Valentine laughs when she sees her, thinking she's practically become French in no time. What a power of adaptation! Clara laughs too. She wonders how she ever lived differently, to tell the truth. The pace of her studies in Lyon suits her like a glove!

Dinner between friends is also an opportunity to discuss each other's new stories. Clara explains in depth her separation from Julien. Valentine, for her part, confesses to having a crush on a young man she met at college. He's not in the same lecture halls, but he attends a few political meetings Valentine likes to go to, to catch up on new political reforms, to keep up to date.

"You'll laugh. His name is Valentin, says Valentine.

- I beg your pardon? You've managed to meet a Valentin? That's great, tell me more! says Clara, laughing.

- So, he's very tall, he's got grey hair, he's...

- Grey hair? asks Clara, puzzled.

- Yes, but he's young! replies Valentine, laughing. He's twenty-five.

ans. Ça arrive ! Il est canon, si tu savais. On discute parfois après les réunions. Au début, il ne m'intéressait pas franchement. Mais depuis qu'il m'a branchée sur le jeu d'échecs, je penche un peu pour lui.

- Alors toi aussi, les échecs, c'est ta passion ? Il faut que j'apprenne, ajoute Clara. Et aussi, il faut qu'on joue au tarot ! On m'a dit que c'est un jeu super. Tu sais quoi, on devrait organiser une soirée jeux après les partiels. Tu pourras inviter ton Valentin ! Et moi je cuisinerai une daube provençale. »

Deal. Valentine est complètement pour. Ils pourront faire ça chez elle, car le salon et la cuisine sont un peu plus confortables. Voilà qui enchante les deux amies, un peu fatiguées de leurs révisions. Puis Clara raconte son week-end à Cannes. Les jolies rues, la mer, les films, les journalistes un peu partout, les gens si élégants, la musique partout... À propos de musique, Valentine se souvient : ce week-end, c'est la fête de la musique dans toute la France ! Elle explique à Clara :

« Pour le 21 juin, le premier jour de l'été, on fait la fête de la musique. C'est génial, tu vas voir. C'est un ministre qui a créé cette fête d'après l'idée d'un musicien. La première fête de la musique a eu lieu en France en 1982. Aujourd'hui, elle est célébrée dans de nombreux pays. Le principe

It happens! He's hot, if you only knew. We sometimes chat after meetings. At first, I wasn't really interested in him. But ever since he turned me on to chess, I've been leaning towards him.

- So chess is your passion too? I need to learn, adds Clara. And we need to play tarot! I've heard it's a great game. You know what, we should have a game night after finals. You can invite your Valentine! And I'll cook a daube provençale."

Deal. Valentine's all for it. They can do it at her place, as the living room and kitchen are a bit more comfortable. The two friends, a little tired from all the studying, are delighted. Then Clara tells us about her weekend in Cannes. The pretty streets, the sea, the films, the journalists everywhere, the elegant people, the music everywhere... Speaking of music, Valentine remembers: this weekend is the fête de la musique all over France! She explains to Clara:

"June 21, the first day of summer, is the Music Day. It's great, you'll see. It was a minister who created this festival, based on the idea of a musician. The first fête de la musique took place in France in 1982. Today, it's celebrated in many countries. The principle is great: musicians -

est super : les musiciens, toi, moi, n'importe qui qui saurait jouer d'un instrument, est invité à jouer dans la rue. En France, on a beaucoup de petits groupes, des intermittents du spectacle. C'est l'occasion de se faire connaître. L'ambiance est vraiment chaleureuse, tu vas voir. »

Clara regarde son téléphone. C'est le week-end prochain ! Bon, il faut travailler dur cette semaine pour s'autoriser cette sortie. À ce propos, il est déjà dix heures du soir, et Clara décide de rentrer pour se coucher tôt. Les deux amies se donnent rendez-vous à la fac le lendemain.

Et le reste de la semaine se passe, studieux. Céline parvient à se motiver un peu plus. Quand le week-end arrive enfin, les filles n'ont qu'une envie : se détendre. Tennis, amis, bière en terrasse, et musique ! Quand le soir arrive, Clara est impressionnée : il y a de la musique absolument partout, dans toutes les rues. Les gens déambulent, heureux, un verre à la main. Max et Constance sont là, avec Valentine, Céline, Christophe et Clara. Ils assistent à plusieurs concerts. Ce qui est fantastique, c'est de pouvoir écouter une chanson ici, puis un morceau là-bas ; de changer de style de musique à chaque fois. La fête se termine très tard, et les six amis n'ont pas envie de rentrer. Mais vers trois heures du matin, un peu éméchés et très fatigués, chacun se dit qu'il vaut mieux rentrer, pour

you, me, anyone who can play an instrument - are invited to play in the street. In France, we have a lot of small groups and people on the side. It's an opportunity to make yourself known. The atmosphere is really warm, you'll see."

Clara looks at her phone. It's next weekend! Well, we'll have to work hard this week to allow ourselves this outing. Speaking of which, it's already ten o'clock in the evening, and Clara decides to go home for an early night. The two friends make a date to go to college the next day.

And the rest of the week passes, studiously. Céline manages to motivate herself a little more. When the weekend finally arrives, all the girls want to do is relax. Tennis, friends, beer on the terrace, and music! When evening arrives, Clara is impressed: there's music absolutely everywhere, in every street. People are happily strolling along, drinks in hand. Max and Constance are there, along with Valentine, Céline, Christophe and Clara. They are attending several concerts. What's fantastic is to be able to listen to a song here, then a piece there; to change music styles each time. The party ends very late, and the six friends don't want to go home. But at around 3 a.m., a little tipsy and very tired, everyone decides it's best to go home and enjoy Sunday to the full.

profiter du dimanche pleinement.

Quand les filles rentrent chez elles, le chien dort si profondément qu'il ronfle. Elles vont faire la même chose, en faisant attention à ne pas le réveiller. Fatiguées, elles s'endorment en un clin d'œil. Le lendemain, il fait très beau, et Clara décide d'aller faire le marché...

When the girls get home, the dog is sleeping so soundly that he snores. They do the same, taking care not to wake him. Tired, they fall asleep in the blink of an eye. The next day, the weather is fine, and Clara decides to go to the market...

Questions (Chapitre 6)

1. Qu'est-ce qui motive Clara et Valentine à étudier à la bibliothèque ?
a) Leur amour pour les livres
b) Leurs examens à venir
c) Leur désir de réussir leurs études
d) Les vacances prochaines

2. Que prévoit de cuisiner Clara après avoir fait une pause dans ses études ?
a) Daube provençale
b) Ratatouille
c) Coq au vin
d) Bouillabaisse

3. De quel événement qui se déroule bientôt, Valentine parle-t-elle à Clara ?
a) Une conférence politique
b) Un tournoi d'échecs
c) Le Festival de Cannes
d) La célébration de la fête de la musique

4. Qu'est-ce qui est spécial à propos de la célébration de la fête de la musique selon Valentine ?
a) Elle est célébrée uniquement à Lyon
b) Les musiciens jouent dans les rues
c) C'est une fête religieuse
d) Elle est organisée par un musicien célèbre

5. Comment Clara et ses amis terminent-ils leur célébration de la fête de la musique ?

Questions (Chapter 6)

1. What motivates Clara and Valentine to study at the library?
a) Their love for books
b) Their upcoming exams
c) Their desire to succeed in their studies
d) The upcoming holidays

2. What does Clara plan to cook after taking a break from her studies?
a) Daube provençale
b) Ratatouille
c) Coq au vin
d) Bouillabaisse

3. What event does Valentine tell Clara about that's happening soon?
a) A political conference
b) A chess tournament
c) The Cannes Film Festival
d) The celebration of the Music Day

4. What is special about the Music Day celebration according to Valentine?
a) It is celebrated only in Lyon
b) Musicians play in the streets
c) It is a religious celebration
d) It is organized by a famous musician

5. How do Clara and her friends end their Music Day celebration?
a) By going to a restaurant

a) En allant à un restaurant
b) En allant voir un film en fin de soirée
c) En écoutant de la musique dans les rues
d) En rentrant chez eux tard dans la nuit

b) By attending a late-night movie
c) By listening to music in the streets
d) By returning home late at night

7. Les partiels de fin d'année

Au marché, le dimanche, Clara **croise** une figure familière : c'est Jules, le **sans-abri** sympathique rencontré le mois dernier avec Céline. Jules la reconnaît et lui adresse un bon sourire. Il lui demande des nouvelles. Clara répond, gentiment, **sans** chercher à engager une conversation. Ils échangent quelques mots, **au sujet de** la vie d'étudiante, des partiels, de la météo. Quand elle repart vers ses légumes, Jules lui lance une phrase : « Ravi de te revoir, chère Clara. N'oublie pas que vivre est une chose rare ! La plupart des gens se contentent d'exister. **À bientôt !** »

Clara ne sait pas si elle est surprise du conseil – elle pense se souvenir qu'il s'agit d'une **citation** d'Oscar Wilde – ou du fait qu'il se souvienne de son prénom... Mais elle sourit et prend le conseil pour ce qu'il est. En effet, il ne faut pas oublier que la vie est belle et qu'il faut la vivre pleinement. D'ailleurs, Clara a ce sentiment depuis qu'elle est **jeune adulte** en France : elle vit pleinement. Elle achète quelques légumes et du fromage, des fruits, du saucisson, puis elle rentre chez elle. Elle raconte sa **rencontre** à Céline, qui rit. Elles se mettent à cuisiner ensemble, puis repassent aux révisions. Demain, les partiels commencent... Elles sont très stressées. Elles ont toutes les deux l'impression de ne pas être prêtes.

Elles travaillent leurs cours jusqu'à tard dans la nuit. Elles mettent le **réveil** plus tôt que d'habitude pour réviser encore avant de partir pour les examens. Le café tourne toute la nuit, et Clara est complètement fatiguée et stressée. Mais elle sait qu'un examen réussi, c'est un **quart** de connaissances, un quart de stress, un quart de chance et un quart de fatigue ! En chemin **vers** la fac, elle **tombe sur** Valentine et elles vont ensemble à l'examen. Les deux prochaines semaines vont être longues ! Mais c'est la fin, enfin.

Croiser (verbe) : to cross paths with
Sans-abri (m, f) (nom commun) : homeless person
Sans (préposition) : without
Au sujet de (locution prépositionnel) : about, on the subject of
À bientôt ! (interjection) : see you soon!
Citation (f) (nom commun) : quotation
Jeune adulte (f, m) (nom commun) : young adult
Rencontre (f) (nom commun) : meeting, encounter
Réveil (m) (nom commun) : alarm, alarm clock
Quart (m) (nom commun) : quarter
Vers (préposition) : toward
Tomber sur (verbe) : to bump into

Toute la semaine, elles ne font que stresser, travailler le soir, écrire les examens, dormir, boire du café. **Pour l'occasion**, les parents de Céline leur ont donné un peu d'argent pour qu'elles puissent aller au restaurant à midi, ou le soir, pour se détendre et passer moins de temps à cuisiner. Christophe les rejoint deux ou trois fois. Céline et lui **filent le parfait amour**. Clara ressent **un brin de** jalousie en repensant à ses débuts avec Julien, mais elle est très heureuse pour eux. Aussi, Julien et elle, c'était une histoire très courte. Elle réalise qu'elle n'était pas vraiment amoureuse. **En revanche**, Céline et Christophe semblent très amoureux. C'est un vrai plaisir à voir.

Un soir, ils rentrent tous les trois et croisent **à nouveau** Jules, sur leur chemin. Jules ne connaît pas encore Christophe et lui **lance** un grand salut accompagné d'un grand sourire. Christophe questionne Céline des yeux, et Céline lui sourit **en retour**.

« Je te présente Jules, c'est un homme qui vit dans le quartier, dit-elle à Christophe. Jules, voici Christophe, c'est mon copain, il est prof de tennis. »

Céline ne peut pas **s'empêcher** de se sentir fière en prononçant ces mots,

ce que remarque bien Jules. Ce dernier s'incline avec élégance devant Christophe en lui adressant l'une de ses petites **sagesses** : « Enchanté, Christophe ! L'homme supérieur est celui qui a une **bienveillance** égale pour tous, sache-le ! » Christophe remercie, étonné, et **promet** d'y réfléchir. Les trois amis rentrent enfin rue Duviard, bavardant et s'étonnant de ce que cet homme sans-abri pouvait être si sympa et si plein de sagesse.

Pour l'occasion (locution adverbiale) : for the occasion
Filer le parfait amour (locution verbale) : to be very much in love
Un brin de (m) (nom commun + préposition) : a bit of, a little
En revanche (locution adverbiale) : on the other hand
À nouveau (locution adverbiale) : again, once again
Lancer (verbe) : to throw
En retour (locution adverbiale) : in return
S'empêcher (verbe pronominal) : to prevent
Sagesse (f) (nom commun) : wisdom
Bienveillance (f) (nom commun) : benevolence, kindness
Promettre (verbe) : to promise

Mais ce n'est pas tout : il faut **relire** quelques notes de cours et aller se coucher pour être en forme le lendemain. Pour les partiels, Clara a pris une semaine de congé avec son travail. Elle **souhaite** en effet se concentrer **à fond** sur les examens.

Au petit-déjeuner, les filles échangent sur l'avancée des partiels. Céline se sent un peu **perdue**. Elle est incapable de dire ce qu'elle a réussi ou pas. Clara, pour sa part, a le sentiment qu'elle rate tout. Enfin, quand elle est **devant** sa copie, elle a l'impression d'y arriver. Mais quelques heures après l'examen, elle a l'impression qu'elle a tout manqué, tout oublié. Christophe cherche à les **rassurer** en leur expliquant que c'est toujours comme ça. Il faut se concentrer sur l'instant. Clara se moque gentiment en **faisant référence** à Jules : « tu nous **envoies** tes sagesses, toi aussi ? » Mais Christophe reste sérieux et encourageant. Il va chercher des croissants avec le chien, Céline fait couler un grand café. La radio parle des étudiants qui, partout en France, ont arrêté de vivre au rythme des fêtes et des soirées entre amis pour se concentrer sur leurs études.

Les deux semaines **semblent** longues mais, une fois terminées, il semble à Clara qu'elles ont été très courtes. Enfin, la fin ! Maintenant, plus qu'à se reposer, attendre les résultats, **faire la fête** et surtout : préparer les grandes

vacances !

Relire (verbe) : to reread, to read again
Souhaiter (verbe) : to want, to wish
À fond (locution adverbiale) : completely, totally
Perdu (adjectif) : lost
Devant (préposition) : in front of, before
Rassurer (verbe) : to reassure
Faire référence à (locution verbale) : to refer to
Envoyer (verbe) : to send
Sembler (verbe) : to seem, to look
Faire la fête (locution verbale) : to party, to celebrate

Questions (Chapitre 7)

1. Quelle est la réaction de Clara lorsqu'elle croise Jules au marché ?
a) Elle l'ignore complètement
b) Elle engage une longue conversation avec lui
c) Elle échange quelques mots avec lui
d) Elle lui demande s'il a besoin d'aide

2. Que conseille Jules à Clara avant de se quitter ?
a) De se dépêcher pour ne pas rater les révisions
b) De ne pas trop s'inquiéter pour les examens
c) De profiter pleinement de la vie
d) De se souvenir de la météo

3. Pourquoi Clara et Céline sont-elles stressées la veille des partiels ?
a) Parce qu'elles ont peur d'échouer
b) Parce qu'elles ne se sentent pas prêtes
c) Parce qu'elles ont eu une dispute
d) Parce qu'elles sont fatiguées

4. Pourquoi les parents de Céline ont-ils donné de l'argent à Clara et à elle ?
a) Pour qu'elles puissent acheter des livres
b) Pour qu'elles puissent aller au restaurant et se détendre
c) Pour qu'elles puissent acheter de nouveaux vêtements
d) Pour qu'elles puissent partir en voyage

5. Pourquoi Clara a-t-elle pris une semaine de congé de son travail ?
a) Pour se concentrer sur les examens
b) Pour se reposer
c) Pour partir en voyage
d) Pour passer du temps avec ses amis

7. Les partiels de fin d'année

Au marché, le dimanche, Clara croise une figure familière : c'est Jules, le sans-abri sympathique rencontré le mois dernier avec Céline. Jules la reconnaît et lui adresse un bon sourire. Il lui demande des nouvelles. Clara répond, gentiment, sans chercher à engager une conversation. Ils échangent quelques mots, au sujet de la vie d'étudiante, des partiels, de la météo. Quand elle repart vers ses légumes, Jules lui lance une phrase : « Ravi de te revoir, chère Clara. N'oublie pas que vivre est une chose rare ! La plupart des gens se contentent d'exister. À bientôt ! »

Clara ne sait pas si elle est surprise du conseil – elle pense se souvenir qu'il s'agit d'une citation d'Oscar Wilde – ou du fait qu'il se souvienne de son prénom... Mais elle sourit et prend le conseil pour ce qu'il est. En effet, il ne faut pas oublier que la vie est belle et qu'il faut la vivre pleinement. D'ailleurs, Clara a ce sentiment depuis qu'elle est jeune adulte en France : elle vit pleinement. Elle achète quelques légumes et du fromage, des fruits, du saucisson, puis elle rentre chez elle. Elle raconte sa rencontre à Céline, qui rit. Elles se mettent à cuisiner ensemble, puis repassent aux révisions. Demain, les partiels commencent... Elles sont très stressées. Elles ont toutes les deux l'impression de ne pas être prêtes.

7. End-of-year midterms

At the market on Sunday, Clara comes across a familiar figure: it's Jules, the friendly homeless man she and Céline met last month. Jules recognizes her and gives her a big smile. He asks her for news. Clara replies kindly, without trying to strike up a conversation. They exchange a few words about student life, midterms and the weather. When she returns to her vegetables, Jules says: "Nice to see you again, dear Clara. Don't forget that life is a rare thing! Most of the time, we're content to just exist. See you soon!"

Clara isn't sure whether she's surprised by the advice - she thinks she remembers it's an Oscar Wilde quote - or by the fact that he remembers her first name... But she smiles and takes the advice for what it is. After all, life is beautiful, and you have to live it to the full. In fact, Clara has felt this way ever since she became a young adult in France: she lives life to the full. She buys some vegetables and cheese, fruit and sausage, then heads home. She tells Céline about her encounter, and she laughs. They start cooking together, then go back to revising. Tomorrow, the exams begin... They're under a lot of stress. They both feel they're not ready.

Elles travaillent leurs cours jusqu'à tard dans la nuit. Elles mettent le réveil plus tôt que d'habitude pour réviser encore avant de partir pour les examens. Le café tourne toute la nuit, et Clara est complètement fatiguée et stressée. Mais elle sait qu'un examen réussi, c'est un quart de connaissances, un quart de stress, un quart de chance et un quart de fatigue ! En chemin vers la fac, elle tombe sur Valentine et elles vont ensemble à l'examen. Les deux prochaines semaines vont être longues ! Mais c'est la fin, enfin.

Toute la semaine, elles ne font que stresser, travailler le soir, écrire les examens, dormir, boire du café. Pour l'occasion, les parents de Céline leur ont donné un peu d'argent pour qu'elles puissent aller au restaurant à midi, ou le soir, pour se détendre et passer moins de temps à cuisiner. Christophe les rejoint deux ou trois fois. Céline et lui filent le parfait amour. Clara ressent un brin de jalousie en repensant à ses débuts avec Julien, mais elle est très heureuse pour eux. Aussi, Julien et elle, c'était une histoire très courte. Elle réalise qu'elle n'était pas vraiment amoureuse. En revanche, Céline et Christophe semblent très amoureux. C'est un vrai plaisir à voir.

Un soir, ils rentrent tous les trois et croisent à nouveau Jules, sur leur chemin. Jules ne connaît pas encore Christophe et lui lance un grand salut

They work on their lessons late into the night. They set their alarm clocks earlier than usual to do some more revision before leaving for exams. The coffee runs all night, and Clara is completely tired and stressed. But she knows that a successful exam is a quarter knowledge, a quarter stress, a quarter luck and a quarter fatigue! On her way to college, she runs into Valentine and they go to the exam together. It's going to be a long two weeks! But it's the end, at last.

All week, they do nothing but stress, work at night, write exams, sleep and drink coffee. For the occasion, Céline's parents have given them a little money so they can go out to lunch or dinner, to relax and spend less time cooking. Christophe joins them two or three times. He and Céline are in perfect love. Clara feels a touch of jealousy when she thinks back to her early days with Julien, but she's very happy for them. Also, she and Julien were a very short story. She realizes that she wasn't really in love. On the other hand, Céline and Christophe seem very much in love. It's a real pleasure to watch.

One evening, the three of them return home and come across Jules again on their way home. Jules doesn't know Christophe yet and gives him a big

accompagné d'un grand sourire. Christophe questionne Céline des yeux, et Céline lui sourit en retour.

« Je te présente Jules, c'est un homme qui vit dans le quartier, dit-elle à Christophe. Jules, voici Christophe, c'est mon copain, il est prof de tennis. »

Céline ne peut pas s'empêcher de se sentir fière en prononçant ces mots, ce que remarque bien Jules. Ce dernier s'incline avec élégance devant Christophe en lui adressant l'une de ses petites sagesses : « Enchanté, Christophe ! L'homme supérieur est celui qui a une bienveillance égale pour tous, sache-le ! » Christophe remercie, étonné, et promet d'y réfléchir. Les trois amis rentrent enfin rue Duviard, bavardant et s'étonnant de ce que cet homme sans-abri pouvait être si sympa et si plein de sagesse.

Mais ce n'est pas tout : il faut relire quelques notes de cours et aller se coucher pour être en forme le lendemain. Pour les partiels, Clara a pris une semaine de congé avec son travail. Elle souhaite en effet se concentrer à fond sur les examens.

Au petit-déjeuner, les filles échangent sur l'avancée des partiels. Céline se sent un peu perdue. Elle est incapable de dire ce qu'elle a réussi ou pas. Clara, pour sa part, a le sentiment qu'elle rate tout. Enfin, quand elle est

hello and a big smile. Christophe questions Céline with his eyes, and Céline smiles back.

"This is Jules, a man who lives in the neighborhood, she says to Christophe. Jules, this is Christophe, he's my boyfriend, he's a tennis teacher."

Céline can't help but feel proud as she says these words, which Jules notices. Jules elegantly bows to Christophe and says one of his wise words: "Nice to meet you, Christophe! The superior man is the one who has equal benevolence for all, know that!" Christophe thanks him, astonished, and promises to think about it. At last, the three friends return to Rue Duviard, chatting and wondering why this homeless man could be so nice and so full of wisdom.

But that's not all: it's time to reread a few lecture notes and go to bed so as to be in shape for the next day. For the mid-term exams, Clara has taken a week off work. She wants to concentrate fully on her exams.

At breakfast, the girls discuss the progress of their midterms. Céline feels a little lost. She's unable to say what she's passed or failed. Clara, for her part, feels she's missing everything. At least, when she's in

devant sa copie, elle a l'impression d'y arriver. Mais quelques heures après l'examen, elle a l'impression qu'elle a tout manqué, tout oublié. Christophe cherche à les rassurer en leur expliquant que c'est toujours comme ça. Il faut se concentrer sur l'instant. Clara se moque gentiment en faisant référence à Jules : « tu nous envoies tes sagesses, toi aussi ? » Mais Christophe reste sérieux et encourageant. Il va chercher des croissants avec le chien, Céline fait couler un grand café. La radio parle des étudiants qui, partout en France, ont arrêté de vivre au rythme des fêtes et des soirées entre amis pour se concentrer sur leurs études.

Les deux semaines semblent longues mais, une fois terminées, il semble à Clara qu'elles ont été très courtes. Enfin, la fin ! Maintenant, plus qu'à se reposer, attendre les résultats, faire la fête et surtout : préparer les grandes vacances !

front of her exam paper, she feels like she's doing well. But a few hours after the exam, she feels like she's missed everything, forgotten everything. Christophe tries to reassure them by explaining that it's always like that. You have to concentrate on the moment. Clara laughs gently, referring to Jules: "You send us your wisdoms, too?" But Christophe remains serious and encouraging. He fetches croissants with the dog, Céline pours a large pot of coffee. The radio talks about students all over France who have stopped living life to the rhythm of parties and evenings with friends to concentrate on their studies.

The two weeks seem long, but once they're over, it seems to Clara that they've been very short indeed. At last, the end! Now all that's left to do is rest, wait for the results, party and, above all: prepare for the big vacations!

Questions (Chapitre 7)

1. Quelle est la réaction de Clara lorsqu'elle croise Jules au marché ?
a) Elle l'ignore complètement
b) Elle engage une longue conversation avec lui
c) Elle échange quelques mots avec lui
d) Elle lui demande s'il a besoin d'aide

2. Que conseille Jules à Clara avant de se quitter ?
a) De se dépêcher pour ne pas rater les révisions
b) De ne pas trop s'inquiéter pour les examens
c) De profiter pleinement de la vie
d) De se souvenir de la météo

3. Pourquoi Clara et Céline sont-elles stressées la veille des partiels ?
a) Parce qu'elles ont peur d'échouer
b) Parce qu'elles ne se sentent pas prêtes
c) Parce qu'elles ont eu une dispute
d) Parce qu'elles sont fatiguées

4. Pourquoi les parents de Céline ont-ils donné de l'argent à Clara et à elle ?
a) Pour qu'elles puissent acheter des livres
b) Pour qu'elles puissent aller au restaurant et se détendre
c) Pour qu'elles puissent acheter de nouveaux vêtements
d) Pour qu'elles puissent partir en voyage

Questions (Chapter 7)

1. What is Clara's reaction when she meets Jules at the market?
a) She completely ignores him
b) She engages in a long conversation with him
c) She exchanges a few words with him
d) She asks him if he needs help

2. What advice does Jules give to Clara before parting ways?
a) To hurry so as not to miss the revisions
b) Not to worry too much about the exams
c) To fully enjoy life
d) To remember the weather

3. Why are Clara and Céline stressed the night before the exams?
a) Because they are afraid of failing
b) Because they don't feel ready
c) Because they had a disagreement
d) Because they are tired

4. Why did Céline's parents give money to Clara and her?
a) So they could buy books
b) So they could go to a restaurant and relax
c) So they could buy new clothes
d) So they could go on a trip

5. Pourquoi Clara a-t-elle pris une semaine de congé de son travail ?
a) Pour se concentrer sur les examens
b) Pour se reposer
c) Pour partir en voyage
d) Pour passer du temps avec ses amis

5. Why did Clara take a week off from her job?
a) To concentrate on the exams
b) To rest
c) To go on a trip
d) To spend time with her friends

8. C'est la fête : la fin de l'année universitaire !

Premier réflexe : dormir. Dormir pendant des heures. **Faire la grasse matinée**, aller au tennis, **faire la sieste** en rentrant. Ce n'est pas **tant** la fatigue physique **que** la fatigue mentale : le cerveau se relâche complètement et les filles baillent, se frottent les yeux, **ont la flemme** de tout et vont se coucher. Et quel plaisir ! Le samedi, Clara fait une longue sieste sur le canapé avec Scruffles, un livre ouvert à côté d'elle, qu'elle ne touche même pas. Céline, elle, s'enferme dans sa chambre en déclarant qu'il ne faut pas la réveiller. Elles **éteignent** leurs téléphones et se font du thé toute la journée, alternant siestes et bavardages.

Deuxième réflexe : organiser une fête avec tous les **copains** ! Valentine a confirmé, c'est d'accord pour faire un dîner chez elle. Clara est toujours motivée pour faire une daube provençale. Céline fera une tarte au citron meringuée. La liste des invités est dressée : sans surprise, Max, Constance, Christophe, avec en plus Valentin, le **mec** que Valentine **convoite**. Les invitations sont lancées et chacun propose d'apporter quelque chose : une entrée, du pain, du fromage, du vin, des bières. On ne va manquer de rien !

Troisième réflexe : penser aux vacances. Qu'est-ce qu'on va faire ? Clara rappelle qu'elles ont un vol en **montgolfière** offert par les amis à faire. Ce

sera dans les Alpes, elles doivent seulement choisir la date. Céline propose de faire ça en début d'été. Elles pourraient partir quelques jours à Megève, c'est là où le site de montgolfière se trouve. Le voyage en montgolfière doit se faire par beau temps, sans trop de **vent**. Il faut appeler quelques jours avant pour vérifier la météo. Ce serait l'occasion de faire quelques **randonnées.**

> **Faire la grasse matinée** (locution verbale) : to sleep in
> **Faire la sieste** (locution verbale) : to take a siesta, to nap
> **Tant... que** (adverbe) : as much... as
> **Avoir la flemme** (locution verbale) : can't be bothered, to be lazy
> **Éteindre** (verbe) : to turn off
> **Copain** (m) (nom commun) : friend
> **Mec** (m) (nom commun) : guy
> **Convoiter** (verbe) : to covet, to lust after [sb]
> **Montgolfière** (f) (nom commun) : hot-air-balloon
> **Vent** (m) (nom commun) : wind
> **Randonnée** (f) (nom commun) : hiking, trekking

Il y a aussi le projet de la famille, de partir voir des amis pendant deux semaines dans le Sud de la France. Cela **fait** très **plaisir** à Clara. Céline est contente aussi, mais elle trouve que deux semaines en famille, c'est un peu trop long. « C'est **surtout** deux semaines sans Christophe, hein ? Avoue ! » la taquine Clara. Et c'est un peu vrai. Mais peut-être que Christophe pourra leur rendre visite pour un week-end !

Il y a aussi une amie de Céline qui est partie vivre à Bruxelles, en Belgique, pour ses études. Il **paraît** que c'est une ville géniale, et les filles aimeraient lui rendre une petite visite aussi. Clara suggère d'aller à Paris avant, car après tout, c'est sur la route en train. Céline est d'accord avec l'idée. Mais que faire de Scruffles pendant tout ce temps ? Bonne question. Valentine sera sûrement d'accord pour le prendre quelques temps, mais il faut s'organiser. Elle ne sera **sûrement** pas disponible pendant toutes les vacances, elle a une vie, elle aussi. Céline va demander à Christophe. Et puis, les parents de Céline pourront sûrement le garder une semaine au deux.

Tout cela se prépare très bien et Clara est enchantée. Elles commencent à regarder les prix des **billets** de train, des hôtels, et à organiser leur agenda. **C'est dommage que** Céline n'ait pas encore son permis de conduire. Elle commencera les cours seulement en septembre. Mais Christophe, lui, a le permis et une voiture ! Elles prévoient donc de lui en parler **lors de** la petite

fête prévue chez Valentine dans quelques jours. **Qui sait**, peut-être qu'il aura des vacances pour partir avec elles !

Enfin, dernier réflexe – il faut garder **le meilleur** pour la fin – aller rendre visite à Marie, la nouvelle petite nièce de Céline et Mattéo. C'est qu'avec les partiels, Céline a passé plus d'une semaine sans la voir ! Elle a déjà dû **grandir**, elle est tellement petite... Les bébés changent si vite ! Céline **ne veut pas en perdre une miette**.

> **Faire plaisir** (locution verbale) : to make [sb] happy
> **Surtout** (adverbe) : mostly, mainly
> **Paraître** (verbe) : to appear, to seem
> **Sûrement** (adverbe) : certainly
> **Billet** (m) (nom commun) : ticket
> **C'est dommage que** (expression) : it is a shame that
> **Lors de** (locution prépositionnel) : during, while
> **Qui sait** (expression) : who knows
> **Le meilleur** (adjectif) : the best
> **Grandir** (verbe) : to get bigger, to grow
> **Ne pas en perdre une miette** (locution verbale) : to not miss a thing

Clara et Céline passent au magasin de jouets et prennent Scruffles avec elles. Elles achètent une petite peluche très mignonne, et **se rendent** chez Isabelle après lui avoir demandé confirmation par texto que c'était le bon moment.

Marie est si jolie, avec ses **joues** rondes et son petit nez. Elle dort quand les filles arrivent. Scruffles est invité à la regarder. Il agit tout particulièrement, on dirait qu'il comprend que c'est un bébé, un petit être fragile. Il **renifle** le **berceau** gentiment, sans s'approcher de trop près. La scène est si charmante que Marc court pour prendre une photo. Cela réveille Marie, qui se met **subitement** à **hurler** en voyant l'animal. Ce qui fait peur au chiot, et renverse la scène ! Tout le monde pleure, les filles de rire, le bébé de peur et le chien de frustration. C'est raté !

Mais Marie se calme et on met sa petite main sur la tête du petit chien. Tout va bien, les rencontres sont faites ! Scruffles **remue** la queue joyeusement. Marc va chercher quelques bières au frigo et prépare un thé pour Isabelle, qui **allaite** et qui ne boit pas une **goutte** d'alcool, bien sûr. Ils prennent l'apéritif en bavardant gaiement, du programme des vacances, des partiels, du travail de Marc, du travail de Clara.

Ce n'est qu'en fin de journée que Céline et Clara décident de rentrer chez elles. Elles se sentent toutes les deux très détendues, et elles ne disent **presque** rien sur le chemin du retour. Elles préfèrent observer leurs pensées et regarder la belle ville de Lyon **sous** le soleil couchant de la fin du mois de juin. Elles vont se coucher, pas très fatiguées ; après les siestes qu'elles ont faites ! Mais dans l'intention de **prendre le temps de** bouquiner tranquillement. Le lendemain, elles vont préparer la soirée entre copains. Plus de cours, plus de révisions, plus d'examens : le bonheur !

Se rendre (verbe pronominal) : to go
Joue (f) (nom commun) : cheek
Renifler (verbe) : to sniff, to smell
Berceau (m) (nom commun) : cradle
Subitement (adverbe) : suddenly, abruptly
Hurler (verbe) : to scream
Remuer (verbe) : to wag (in this context)
Allaiter (verbe) : to breast-feed
Goutte (f) (nom commun) : drop
Presque (adverbe) : almost, nearly
Sous (préposition) : under, below
Prendre le temps de (locution verbale) : to take the time to

Questions (Chapitre 8)

1. Quel est le premier réflexe de Clara et Céline après les examens ?
a) Dormir et se reposer
b) Organiser une fête avec leurs amis
c) Planifier leurs vacances
d) Aller faire du tennis

2. Que prévoit de faire Clara pour la fête chez Valentine ?
a) Faire une tarte au citron meringuée
b) Organiser des jeux de société
c) Préparer une daube provençale
d) Inviter ses amis à une soirée au cinéma

3. Que prévoient Clara et Céline de faire pendant les vacances ?
a) Partir en vacances dans le Sud de la France
b) Rendre visite à une amie à Bruxelles
c) Aller à Paris
d) Toutes les réponses précédentes

4. Comment réagit Marie lorsqu'elle voit Scruffles ?
a) Elle se met à rire joyeusement
b) Elle continue de dormir paisiblement
c) Elle commence à pleurer de peur
d) Elle ignore complètement le chien

5. Quelle est la réaction de Scruffles lorsque Marie se met à hurler ?
a) Il se cache sous le lit
b) Il pleure avec le bébé
c) Il remue la queue joyeusement
d) Il aboie furieusement

8. C'est la fête : la fin de l'année universitaire !

Premier réflexe : dormir. Dormir pendant des heures. Faire la grasse matinée, aller au tennis, faire la sieste en rentrant. Ce n'est pas tant la fatigue physique que la fatigue mentale : le cerveau se relâche complètement et les filles baillent, se frottent les yeux, ont la flemme de tout et vont se coucher. Et quel plaisir ! Le samedi, Clara fait une longue sieste sur le canapé avec Scruffles, un livre ouvert à côté d'elle, qu'elle ne touche même pas. Céline, elle, s'enferme dans sa chambre en déclarant qu'il ne faut pas la réveiller. Elles éteignent leurs téléphones et se font du thé toute la journée, alternant siestes et bavardages.

Deuxième réflexe : organiser une fête avec tous les copains ! Valentine a confirmé, c'est d'accord pour faire un dîner chez elle. Clara est toujours motivée pour faire une daube provençale. Céline fera une tarte au citron meringuée. La liste des invités est dressée : sans surprise, Max, Constance, Christophe, avec en plus Valentin, le mec que Valentine convoite. Les invitations sont lancées et chacun propose d'apporter quelque chose : une entrée, du pain, du fromage, du vin, des bières. On ne va manquer de rien !

Troisième réflexe : penser aux vacances. Qu'est-ce qu'on va faire ?

8. It's party time: the end of the academic year!

First instinct: sleep. Sleep for hours. Sleep in, play tennis, take a nap on the way home. It's not so much physical fatigue as mental fatigue: the brain completely relaxes and the girls yawn, rub their eyes, feel lazy about everything and go to bed. And what fun! On Saturday, Clara takes a long nap on the sofa with Scruffles, a book open beside her, which she doesn't even touch. Céline, on the other hand, locks herself in her room, declaring that she mustn't be woken up. They switch off their phones and make each other tea all day, alternating naps and chitchat.

Second reflex: organize a party with all the friends! Valentine confirmed, agreeing to have dinner at her place. Clara is still keen to make a daube provençale. Céline will make a lemon meringue pie. The guest list is drawn up: unsurprisingly, Max, Constance, Christophe, plus Valentin, the guy Valentine's been lusting after. The invitations go out, and everyone offers to bring something: an appetizer, bread, cheese, wine, beer. We'll be spoilt for choice!

Third reflex: think about vacations. What are we going to do? Clara

Clara rappelle qu'elles ont un vol en montgolfière offert par les amis à faire. Ce sera dans les Alpes, elles doivent seulement choisir la date. Céline propose de faire ça en début d'été. Elles pourraient partir quelques jours à Megève, c'est là où le site de montgolfière se trouve. Le voyage en montgolfière doit se faire par beau temps, sans trop de vent. Il faut appeler quelques jours avant pour vérifier la météo. Ce serait l'occasion de faire quelques randonnées.

Il y a aussi le projet de la famille, de partir voir des amis pendant deux semaines dans le Sud de la France. Cela fait très plaisir à Clara. Céline est contente aussi, mais elle trouve que deux semaines en famille, c'est un peu trop long. « C'est surtout deux semaines sans Christophe, hein ? Avoue ! » la taquine Clara. Et c'est un peu vrai. Mais peut-être que Christophe pourra leur rendre visite pour un week-end !

Il y a aussi une amie de Céline qui est partie vivre à Bruxelles, en Belgique, pour ses études. Il paraît que c'est une ville géniale, et les filles aimeraient lui rendre une petite visite aussi. Clara suggère d'aller à Paris avant, car après tout, c'est sur la route en train. Céline est d'accord avec l'idée. Mais que faire de Scruffles pendant tout ce temps ? Bonne question. Valentine sera sûrement d'accord pour le prendre quelques temps, mais il faut s'organiser. Elle ne sera sûrement

reminds them that they have a hot-air balloon flight to take, offered by friends. It will be in the Alps, they just need to choose the date. Céline suggests doing it at the beginning of summer. They could go for a few days to Megève, where the ballooning site is located. Hot-air ballooning has to be done in good weather, without too much wind. You need to call a few days in advance to check the weather. It would be a good opportunity to do some hiking.

There's also the family's plan to visit friends for two weeks in the South of France. Clara is very happy about this. Céline is happy too, but feels that two weeks with her family is a little too long. "It's mostly two weeks without Christophe, isn't it? Admit it!" teases Clara. And it's a bit true. But maybe Christophe can visit them for a weekend!

There's also a friend of Céline's who's gone to live in Brussels, Belgium, for her studies. I hear it's a great city, and the girls would love to pay her a visit too. Clara suggests going to Paris first, as it's on the way by train after all. Céline agrees. But what to do with Scruffles in the meantime? That's a good question. Valentine will surely agree to take him for a while, but we'll have to make arrangements. She probably won't be available for the whole vacation - she's got a life,

pas disponible pendant toutes les vacances, elle a une vie, elle aussi. Céline va demander à Christophe. Et puis, les parents de Céline pourront sûrement le garder une semaine au deux.

Tout cela se prépare très bien et Clara est enchantée. Elles commencent à regarder les prix des billets de train, des hôtels, et à organiser leur agenda. C'est dommage que Céline n'ait pas encore son permis de conduire. Elle commencera les cours seulement en septembre. Mais Christophe, lui, a le permis et une voiture ! Elles prévoient donc de lui en parler lors de la petite fête prévue chez Valentine dans quelques jours. Qui sait, peut-être qu'il aura des vacances pour partir avec elles !

Enfin, dernier réflexe – il faut garder le meilleur pour la fin – aller rendre visite à Marie, la nouvelle petite nièce de Céline et Mattéo. C'est qu'avec les partiels, Céline a passé plus d'une semaine sans la voir ! Elle a déjà dû grandir, elle est tellement petite... Les bébés changent si vite ! Céline ne veut pas en perdre une miette.

Clara et Céline passent au magasin de jouets et prennent Scruffles avec elles. Elles achètent une petite peluche très mignonne, et se rendent chez Isabelle après lui avoir demandé confirmation par texto que c'était le bon moment.

too. Céline will ask Christophe. And then, Céline's parents will probably be able to keep him for a week or two.

It's all coming together nicely and Clara is delighted. They start looking at train fares and hotel prices, and organizing their schedules. It's a shame Céline hasn't got her driving license yet. She won't be starting lessons until September. But Christophe has a license and a car! So they plan to talk to him about it at Valentine's party in a few days' time. Who knows, maybe he'll have some vacation time to go away with them!

Last but not least - and I'm saving the best for last - is a visit to Marie, Céline and Mattéo's new little niece. Céline's exams meant she hadn't seen her for over a week! She must have grown by now, she's so tiny... Babies change so fast! Céline doesn't want to miss a minute of it.

Clara and Céline go to the toy store and take Scruffles with them. They buy a cute little cuddly toy, and head for Isabelle's house after texting her to confirm that it's the right time.

Marie est si jolie, avec ses joues rondes et son petit nez. Elle dort quand les filles arrivent. Scruffles est invité à la regarder. Il agit tout particulièrement, on dirait qu'il comprend que c'est un bébé, un petit être fragile. Il renifle le berceau gentiment, sans s'approcher de trop près. La scène est si charmante que Marc court pour prendre une photo. Cela réveille Marie, qui se met subitement à hurler en voyant l'animal. Ce qui fait peur au chiot, et renverse la scène ! Tout le monde pleure, les filles de rire, le bébé de peur et le chien de frustration. C'est raté !

Mais Marie se calme et on met sa petite main sur la tête du petit chien. Tout va bien, les rencontres sont faites ! Scruffles remue la queue joyeusement. Marc va chercher quelques bières au frigo et prépare un thé pour Isabelle, qui allaite et qui ne boit pas une goutte d'alcool, bien sûr. Ils prennent l'apéritif en bavardant gaiement, du programme des vacances, des partiels, du travail de Marc, du travail de Clara.

Ce n'est qu'en fin de journée que Céline et Clara décident de rentrer chez elles. Elles se sentent toutes les deux très détendues, et elles ne disent presque rien sur le chemin du retour. Elles préfèrent observer leurs pensées et regarder la belle ville de Lyon sous le soleil couchant de la fin du mois de juin. Elles vont se coucher, pas très

Marie is so pretty, with her round cheeks and little nose. She's asleep when the girls arrive. Scruffles is invited to look at her. He's acting very special, as if he understands that she's a baby, a fragile little being. He sniffs the cradle gently, without getting too close. The scene is so charming that Marc runs to take a photo. This wakes Marie, who suddenly screams at the sight of the animal. This frightens the puppy, turning the scene upside down! Everyone cries, the girls with laughter, the baby with fear and the dog with frustration. It's a dud!

But Marie calms down and we put her little hand on the puppy's head. All's well, the encounters are made! Scruffles wags his tail happily. Marc fetches a few beers from the fridge and prepares a cup of tea for Isabelle, who is breastfeeding and not drinking a drop of alcohol, of course. They enjoy an aperitif, chatting happily about the vacation schedule, exams, Marc's job and Clara's work.

It's not until the end of the day that Céline and Clara decide to go home. They both feel very relaxed, and say almost nothing on the way home. They prefer to ponder their thoughts and gaze at the beautiful city of Lyon under the late June sun. They go to bed, not very tired - after all the naps they've had! But with the intention

fatiguées ; après les siestes qu'elles ont faites ! Mais dans l'intention de prendre le temps de bouquiner tranquillement. Le lendemain, elles vont préparer la soirée entre copains. Plus de cours, plus de révisions, plus d'examens : le bonheur !

of taking the time to read quietly. The next day, they'll prepare for the evening with their friends. No more lessons, no more revision, no more exams: just happiness!

Questions (Chapitre 8)

1. Quel est le premier réflexe de Clara et Céline après les examens ?
a) Dormir et se reposer
b) Organiser une fête avec leurs amis
c) Planifier leurs vacances
d) Aller faire du tennis

2. Que prévoit de faire Clara pour la fête chez Valentine ?
a) Faire une tarte au citron meringuée
b) Organiser des jeux de société
c) Préparer une daube provençale
d) Inviter ses amis à une soirée au cinéma

3. Que prévoient Clara et Céline de faire pendant les vacances ?
a) Partir en vacances dans le Sud de la France
b) Rendre visite à une amie à Bruxelles
c) Aller à Paris
d) Toutes les réponses précédentes

4. Comment réagit Marie lorsqu'elle voit Scruffles ?
a) Elle se met à rire joyeusement
b) Elle continue de dormir paisiblement
c) Elle commence à pleurer de peur
d) Elle ignore complètement le chien

5. Quelle est la réaction de Scruffles lorsque Marie se met à hurler ?
a) Il se cache sous le lit
b) Il pleure avec le bébé
c) Il remue la queue joyeusement
d) Il aboie furieusement

Questions (Chapter 8)

1. What is Clara and Céline's first instinct after the exams?
a) Sleep and rest
b) Organize a party with their friends
c) Plan their vacations
d) Go play tennis

2. What does Clara plan to do for the party at Valentine's?
a) Make a lemon meringue pie
b) Organize board games
c) Prepare a daube provençale
d) Invite her friends to a movie night

3. What do Clara and Céline plan to do during the holidays?
a) Go on vacation in the South of France
b) Visit a friend in Brussels
c) Go to Paris
d) All of the above

4. How does Marie react when she sees Scruffles?
a) She starts laughing joyfully
b) She continues sleeping peacefully
c) She starts crying out of fear
d) She completely ignores the dog

5. What is Scruffles' reaction when Marie starts screaming?
a) He hides under the bed
b) He cries along with the baby
c) He wags his tail happily
d) He barks furiously

9. Week-end relax entre copains

Le bonheur, mais enfin, elles sont quand même un peu stressées par les résultats des examens. Alors que Clara se connecte à Internet le lendemain pour voir si des résultats sont arrivés, Céline rit :

« Clara, on vient de **terminer** les partiels, aucune chance pour que les notes soient déjà arrivées ! Laisse-leur un peu de temps pour corriger les copies, **quand même**, les profs ont une vie aussi, dit-elle, un peu **moqueuse**.

- Mais toi, tu sais quand ça va arriver ? demande Clara, **visiblement** impatiente.

- En général ça prend deux bonnes semaines, répond Céline. N'y pense plus, ça ne sert à rien. Ne stresse pas, tu ne peux rien changer à tes copies. Le **sort** n'est plus dans tes mains maintenant ! Bon, il te faut quoi pour la daube provençale ?

- J'ai regardé la **recette**, c'est super simple en fait. Juste un peu long à la **cuisson**. Il faut du **bœuf**, des carottes, des oignons, de l'ail, des olives noires dénoyautées, du coulis de tomates, un litre de vin, des **feuilles de laurier**,

explique Clara.

- C'est pour combien de personnes ? On fait ça avec des pommes de terre **cuites à la vapeur** ? demande Céline.

- Pour le nombre de personnes, j'adapterai la quantité d'ingrédients, ajoute Clara. **Allez**, tu as raison, j'arrête de penser à la fac. Je vais faire les courses ! Tu gardes Scruffles ? »

Terminer (verbe) : to finish
Quand même (locution adverbiale) : after all
Moqueur (adjectif) : mocking
Visiblement (adverbe) : obviously, evidently
Sort (m) (nom commun) : fate, destiny
Recette (f) (nom commun) : recipe
Cuisson (f) (nom commun) : cooking
Bœuf (m) (nom commun) : beef
Feuille de laurier (f) (nom commun) : bay leaf
Cuit à la vapeur (locution adjectivale) : steamed
Allez (interjection) : alright (in this context)

Clara part **faire les courses**. Elle demande avant de partir s'il manque d'autres choses pour l'appartement. Du papier toilette, du poivre, du **liquide vaisselle**, des croquettes pour le chien. Elle va dans plusieurs magasins pour trouver tout ce dont elle a besoin et elle passe au marché des quais Saint-Antoine, sur la Presqu'Île, pour acheter les légumes. Elle en profite pour acheter quelques fruits, des pommes, des **fraises** et des framboises. En remontant, bien chargée avec ses courses, elle croise encore une fois Jules, qui se promène dans les **pentes** du quartier. Il lui propose gentiment de l'aider à porter ses courses, ce qu'elle accepte avec plaisir. Elle a presque envie de l'inviter à monter chez elles pour un café, mais elle **craint** la réaction de Céline. Elles ne connaissent pas beaucoup cet homme et ce n'est peut-être pas une bonne idée.

Dans les **escaliers**, elle croise Constance, qui part elle aussi faire le marché. Elle va préparer une salade de quinoa aux légumes **de saison** pour ce soir. Chacune s'affaire toute la journée pour préparer un bon dîner. La fête de la fin de l'année universitaire va être réussie !

Le soir arrive, et **tout le monde** se retrouve chez Valentine, avec des

victuailles, du vin et des apéritifs. Valentine a installé une grande table avec des couverts, des verres, de belles assiettes, des bougies et même des fleurs. Dans les invités, il y a une personne qui est encore inconnue des autres : c'est Valentin. Il **a les cheveux** gris en effet – enfin, plutôt **poivre et sel**. Mais on voit bien qu'il est jeune. Il est assez intimidant pour Clara au départ : elle le trouve séduisant et elle trouve qu'il a l'air sûr de lui. Mais après un verre ou deux, pendant l'apéritif, Valentin commence à faire des blagues, et tout le monde commence à l'apprécier. Valentine le regarde **intensément** dès qu'il a les yeux tournés. Ce qu'elle ne sait pas, c'est qu'il **fait de même** avec elle : dès qu'elle parle avec quelqu'un d'autre, il ne peut pas s'empêcher de la regarder.

Faire les courses (locution verbale) : to do the shopping
Liquide vaisselle (m) (nom commun) : dish soap, dishwashing liquid
Fraise (f) (nom commun) : strawberry
Pente (f) (nom commun) : slope, hill
Craindre (verbe) : to be afraid of, to dread
Escalier (m) (nom commun) : stairs
De saison (locution adjectivale) : seasonal
Tout le monde (locution pronominal) : everybody, all
Victuailles (f, pl) (nom commun) : victuals, food
Avoir les cheveux poivre et sel (locution verbale) : to have salt and pepper hair
Intensément (adverbe) : intensely
Faire de même (locution verbale) : to do the same

Seulement voilà : au cours d'une conversation avec lui, Céline comprend que Valentin a déjà une copine. Céline se garde bien de **souligner** ce point avec lui et ne lui pose pas trop de questions, pour ne pas **attirer son attention**. Mais elle pense pour elle-même qu'il faut qu'elle le dise à Valentine. Peut-être pas dans la soirée, mais plus tard dans le week-end.

La daube provençale de Clara est un succès. Clara, elle, est un peu **déçue** : elle n'est pas à la hauteur de ses **espérances**. Son souvenir à Cannes était meilleur. Céline lui fait remarquer qu'ils avaient mangé dans un restaurant **étoilé** : pas étonnant que la daube d'un grand chef cuisinier soit meilleure que le premier **essai** d'une étudiante qui débute en cuisine française ! Alors que Max se permet une moquerie – bien française – au sujet de la cuisine américaine, Clara propose d'organiser un dîner américain bientôt, pour montrer que les Américains ont, eux aussi, quelques **atouts** en cuisine. Elle regrette bien vite, car elle sait bien que les Français ont une cuisine bien plus

variée. Mais elle va leur prouver, quand même ! Une date est déjà décidée pour le dîner à l'américaine. Les moqueries bienveillantes **vont bon train**, les stéréotypes fusent : va-t-on manger des hamburgers devant la télévision ? Mais Clara ne se démonte pas ! Elle va leur prouver.

Un autre sujet important est évoqué : les filles prévoient un week-end à la montagne pour aller faire ce tour en montgolfière offert par leurs amis pour leurs dix-huit bougies. Qui veut venir ? Presque tout le monde est motivé par un week-end de randonnée dans les Alpes. Clara **envisage** donc de faire son dîner américain à cette occasion. Deux week-ends sont décidés, au cas où la météo ne serait pas bonne le premier week-end, pour la montgolfière.

Il n'y a que Valentin, le nouveau venu, qui ne sera pas de la partie pour ce week-end. Il est pris tous les week-ends. Céline pense que c'est **à cause de** la copine, qu'il a mentionné à plusieurs reprises dans leur conversation. Valentine est un peu déçue... Mais elle n'en montre rien, et la fin de la soirée se passe très bien. Les invités rentrent chez eux vers deux heures du matin, un peu éméchés, très contents, et **repus**, en se promettant de se revoir le lendemain pour une promenade en ville, et **pourquoi pas** un pique-nique. Céline voudrait retourner à la maison des frères Lumière, elle n'y est pas allée depuis très longtemps. Clara ne sait pas qui sont les frères Lumière... Christophe dit qu'ils lui feront la surprise le lendemain !

Souligner (verbe) : to underline
Attirer l'attention (locution verbale) : to draw attention
Déçu (adjectif) : disappointed
Espérance (f) (nom commun) : expectation
Etoilé (adjectif) : Michelin-starred
Essai (m) (nom commun) : attempt, try
Atout (m) (nom commun) : virtue, strength
Aller bon train (locution verbale) : to go well
Envisager (verbe) : to contemplate, to consider
À cause de (locution prépositionnel) : because of
Repu (adjectif) : full, replete
Pourquoi pas (interjection) : why not

Questions (Chapitre 9)

1. Qu'est-ce qui préoccupe Clara alors qu'elle se connecte à Internet le lendemain des examens ?
a) Les résultats des examens
b) La recette de la daube provençale
c) L'achat des courses
d) La météo pour le week-end à la montagne

2. Où se déroule la fête de fin d'année universitaire ?
a) Chez Clara
b) Chez Constance
c) Chez Valentine
d) Chez les parents de Céline

3. Que découvre Céline pendant sa conversation avec Valentin ?
a) Qu'il est célibataire
b) Qu'il est très timide
c) Qu'il a déjà une copine
d) Qu'il est amoureux de Valentine

4. Quel projet les filles envisagent-elles pour célébrer leurs dix-huit ans ? (Plusieurs réponses possibles)
a) Aller à la plage
b) Organiser un dîner américain
c) Aller faire un tour en montgolfière
d) Aller à la montagne

5. Qui ne pourra pas participer au week-end à la montagne ?
a) Christophe
b) Constance
c) Valentine
d) Valentin

9. Week-end relax entre copains

Le bonheur, mais enfin, elles sont quand même un peu stressées par les résultats des examens. Alors que Clara se connecte à Internet le lendemain pour voir si des résultats sont arrivés, Céline rit :

« Clara, on vient de terminer les partiels, aucune chance pour que les notes soient déjà arrivées ! Laisse-leur un peu de temps pour corriger les copies, quand même, les profs ont une vie aussi, dit-elle, un peu moqueuse.

- Mais toi, tu sais quand ça va arriver ? demande Clara, visiblement impatiente.

- En général ça prend deux bonnes semaines, répond Céline. N'y pense plus, ça ne sert à rien. Ne stresse pas, tu ne peux rien changer à tes copies. Le sort n'est plus dans tes mains maintenant ! Bon, il te faut quoi pour la daube provençale ?

- J'ai regardé la recette, c'est super simple en fait. Juste un peu long à la cuisson. Il faut du bœuf, des carottes, des oignons, de l'ail, des olives noires dénoyautées, du coulis de tomates, un litre de vin, des feuilles de laurier, explique Clara.

- C'est pour combien de personnes ? On fait ça avec des pommes de terre

9. Relaxing weekend with friends

Happiness, but then again, they're a bit stressed about the exam results. As Clara logs on to the Internet the next day to see if any results have arrived, Céline laughs:

"Clara, we've just finished the mid-term exams, so there's no chance of the grades arriving yet! Give them a bit of time to correct the papers, after all, teachers have a life too, she says, a little mockingly.

- But do you know when it's going to happen? asks Clara, clearly impatient.

- It usually takes a good two weeks, replies Céline. Don't think about it, it's pointless. Don't stress, you can't change anything in your copies. It's out of your hands now! So, what do you need for the daube provençale?

- I've looked at the recipe and it's really quite simple. It just takes a little longer to cook. You need beef, carrots, onions, garlic, pitted black olives, tomato coulis, a liter of wine and bay leaves, Clara explains.

- How many people does this serve? Are we doing this with steamed

cuites à la vapeur ? demande Céline.

- Pour le nombre de personnes, j'adapterai la quantité d'ingrédients, ajoute Clara. Allez, tu as raison, j'arrête de penser à la fac. Je vais faire les courses ! Tu gardes Scruffles ? »

Clara part faire les courses. Elle demande avant de partir s'il manque d'autres choses pour l'appartement. Du papier toilette, du poivre, du liquide vaisselle, des croquettes pour le chien. Elle va dans plusieurs magasins pour trouver tout ce dont elle a besoin et elle passe au marché des quais Saint-Antoine, sur la Presqu'Île, pour acheter les légumes. Elle en profite pour acheter quelques fruits, des pommes, des fraises et des framboises. En remontant, bien chargée avec ses courses, elle croise encore une fois Jules, qui se promène dans les pentes du quartier. Il lui propose gentiment de l'aider à porter ses courses, ce qu'elle accepte avec plaisir. Elle a presque envie de l'inviter à monter chez elles pour un café, mais elle craint la réaction de Céline. Elles ne connaissent pas beaucoup cet homme et ce n'est peut-être pas une bonne idée.

Dans les escaliers, elle croise Constance, qui part elle aussi faire le marché. Elle va préparer une salade de quinoa aux légumes de saison pour ce soir. Chacune s'affaire toute la journée pour préparer un bon

potatoes? asks Céline.

- For the number of people, I'll adapt the quantity of ingredients, adds Clara. Come on, you're right, I'll stop thinking about college. I'm going shopping! Are you keeping Scruffles?"

Clara leaves to go shopping. Before leaving, she asks if anything else is missing for the apartment. Toilet paper, pepper, washing-up liquid, dog food. She goes to several stores to find everything she needs, and stops off at the Quais Saint-Antoine market on the Presqu'Île to buy vegetables. She also buys some fruit: apples, strawberries and raspberries. On her way back up, loaded down with her groceries, she comes across Jules again, strolling along the slopes of the neighborhood. He kindly offers to help her carry her groceries, which she gladly accepts. She's almost tempted to invite him up to their place for a coffee, but she's afraid of Céline's reaction. They don't know much about this man and it might not be a good idea.

On the stairs, she passes Constance, who is also off to the market. She's preparing a quinoa salad with seasonal vegetables for this evening. Everyone is busy all day preparing a delicious dinner. It's going to be a

dîner. La fête de la fin de l'année universitaire va être réussie !

Le soir arrive, et tout le monde se retrouve chez Valentine, avec des victuailles, du vin et des apéritifs. Valentine a installé une grande table avec des couverts, des verres, de belles assiettes, des bougies et même des fleurs. Dans les invités, il y a une personne qui est encore inconnue des autres : c'est Valentin. Il a les cheveux gris en effet – enfin, plutôt poivre et sel. Mais on voit bien qu'il est jeune. Il est assez intimidant pour Clara au départ : elle le trouve séduisant et elle trouve qu'il a l'air sûr de lui. Mais après un verre ou deux, pendant l'apéritif, Valentin commence à faire des blagues, et tout le monde commence à l'apprécier. Valentine le regarde intensément dès qu'il a les yeux tournés. Ce qu'elle ne sait pas, c'est qu'il fait de même avec elle : dès qu'elle parle avec quelqu'un d'autre, il ne peut pas s'empêcher de la regarder.

Seulement voilà : au cours d'une conversation avec lui, Céline comprend que Valentin a déjà une copine. Céline se garde bien de souligner ce point avec lui et ne lui pose pas trop de questions, pour ne pas attirer son attention. Mais elle pense pour elle-même qu'il faut qu'elle le dise à Valentine. Peut-être pas dans la soirée, mais plus tard dans le week-end.

great end-of-year party!

Evening arrives, and everyone gathers at Valentine's, with victuals, wine and aperitifs. Valentine has set a large table with cutlery, glasses, beautiful plates, candles and even flowers. Among the guests, there's one person who's still unknown to the others: Valentin. His hair is indeed gray - well, rather salt-and-pepper. But you can tell he's young. He's quite intimidating for Clara at first: she finds him attractive and thinks he looks confident. But after a drink or two, during the aperitif, Valentin starts making jokes, and everyone starts to like him. Valentine looks at him intensely as soon as he turns his eyes. What she doesn't know is that he does the same with her: as soon as she talks to someone else, he can't stop looking at her.

But here's the thing: during a conversation with him, Céline realizes that Valentin already has a girlfriend. Céline is careful not to bring this up with him and doesn't ask too many questions, so as not to attract his attention. But she thinks for herself that she needs to tell Valentine. Maybe not in the evening, but later in the weekend.

La daube provençale de Clara est un succès. Clara, elle, est un peu déçue : elle n'est pas à la hauteur de ses espérances. Son souvenir à Cannes était meilleur. Céline lui fait remarquer qu'ils avaient mangé dans un restaurant étoilé : pas étonnant que la daube d'un grand chef cuisinier soit meilleure que le premier essai d'une étudiante qui débute en cuisine française ! Alors que Max se permet une moquerie – bien française – au sujet de la cuisine américaine, Clara propose d'organiser un dîner américain bientôt, pour montrer que les Américains ont, eux aussi, quelques atouts en cuisine. Elle regrette bien vite, car elle sait bien que les Français ont une cuisine bien plus variée. Mais elle va leur prouver, quand même ! Une date est déjà décidée pour le dîner à l'américaine. Les moqueries bienveillantes vont bon train, les stéréotypes fusent : va-t-on manger des hamburgers devant la télévision ? Mais Clara ne se démonte pas ! Elle va leur prouver.

Un autre sujet important est évoqué : les filles prévoient un week-end à la montagne pour aller faire ce tour en montgolfière offert par leurs amis pour leurs dix-huit bougies. Qui veut venir ? Presque tout le monde est motivé par un week-end de randonnée dans les Alpes. Clara envisage donc de faire son dîner américain à cette occasion. Deux week-ends sont décidés, au cas où la météo ne serait pas bonne le premier

Clara's daube provençale is a success. Clara is a little disappointed: it doesn't live up to her expectations. Her memory of Cannes was better. Céline points out that they had eaten in a Michelin-starred restaurant: no wonder the daube of a top chef is better than the first try of a student new to French cuisine! As Max indulges in a French mockery of American cuisine, Clara suggests we have an American dinner soon, to show that Americans have a few tricks up their sleeve in the kitchen too. She soon regrets this, as she knows that the French have a much more varied cuisine. But she's going to prove it anyway! A date has already been set for an American-style dinner. Good-natured mockery and stereotypes abound: are we going to eat hamburgers in front of the TV? But Clara doesn't give up! She's going to prove it to them.

Another important subject comes up: the girls are planning a weekend in the mountains to go on that hot-air balloon ride their friends are giving them for their eighteenth birthday. Who wants to go? Almost everyone is motivated by a weekend of hiking in the Alps. Clara plans to have her American dinner on this occasion. Two weekends are decided, in case the weather isn't good on the first weekend, for hot-air ballooning.

week-end, pour la montgolfière.

Il n'y a que Valentin, le nouveau venu, qui ne sera pas de la partie pour ce week-end. Il est pris tous les week-ends. Céline pense que c'est à cause de la copine, qu'il a mentionné à plusieurs reprises dans leur conversation. Valentine est un peu déçue... Mais elle n'en montre rien, et la fin de la soirée se passe très bien. Les invités rentrent chez eux vers deux heures du matin, un peu éméchés, très contents, et repus, en se promettant de se revoir le lendemain pour une promenade en ville, et pourquoi pas un pique-nique. Céline voudrait retourner à la maison des frères Lumière, elle n'y est pas allée depuis très longtemps. Clara ne sait pas qui sont les frères Lumière... Christophe dit qu'ils lui feront la surprise le lendemain !

Only newcomer Valentin won't be taking part this weekend. He's busy every weekend. Céline thinks it's because of the girlfriend he's mentioned several times in their conversation. Valentine is a little disappointed... But she doesn't show it, and the end of the evening goes very well. The guests return home at around 2 a.m., a little tipsy but very happy and full, promising to meet again the next day for a walk around town, and why not a picnic? Céline would like to go back to the Lumière brothers' house, she hasn't been there for a very long time. Clara doesn't know who the Lumière brothers are... Christophe says they'll surprise her the next day!

Questions (Chapitre 9)

1. Qu'est-ce qui préoccupe Clara alors qu'elle se connecte à Internet le lendemain des examens ?
a) Les résultats des examens
b) La recette de la daube provençale
c) L'achat des courses
d) La météo pour le week-end à la montagne

2. Où se déroule la fête de fin d'année universitaire ?
a) Chez Clara
b) Chez Constance
c) Chez Valentine
d) Chez les parents de Céline

3. Que découvre Céline pendant sa conversation avec Valentin ?
a) Qu'il est célibataire
b) Qu'il est très timide
c) Qu'il a déjà une copine
d) Qu'il est amoureux de Valentine

4. Quel projet les filles envisagent-elles pour célébrer leurs dix-huit ans ? (Plusieurs réponses possibles)
a) Aller à la plage
b) Organiser un dîner américain
c) Aller faire un tour en montgolfière
d) Aller à la montagne

5. Qui ne pourra pas participer au week-end à la montagne ?
a) Christophe
b) Constance
c) Valentine
d) Valentin

Questions (Chapter 9)

1. What worries Clara as she logs onto the Internet the day after the exams?
a) Exam results
b) The recipe for daube provençale
c) Grocery shopping
d) The weather for the weekend in the mountains

2. Where does the end-of-year university party take place?
a) At Clara's
b) At Constance's
c) At Valentine's
d) At Céline's parents' house

3. What does Céline discover during her conversation with Valentin?
a) That he is single
b) That he is very shy
c) That he already has a girlfriend
d) That he is in love with Valentine

4. What plan do the girls consider to celebrate their eighteenth birthdays? (Several answers possible)
a) Going to the beach
b) Organizing an American dinner
c) Going for a hot air balloon ride
d) Going to the mountains

5. Who will not be able to attend the weekend in the mountains?
a) Christophe
b) Constance
c) Valentine
d) Valentin

10. Journée entre amis et musée des frères Lumière

Le réveil sonne un peu tard sur la rue Duviard. Les filles se sont couchées encore plus tard, elles ont passé presqu'une heure à papoter sur le canapé avant d'aller rejoindre leurs chambres. Ce n'est que vers dix heures et demie que Clara glisse la tête **hors de** sa chambre, questionnant le salon des yeux. **Personne**, seulement Scruffles ! Celui-ci **se précipite** pour la saluer. C'est qu'il est très tard pour la petite boule de poil !

Clara ouvre grand les **rideaux** et les fenêtres. Puis elle change l'eau des fleurs, met de l'eau à **bouillir** et prépare un café. Elle **tranche** du pain qu'elle place dans le grille-pain. L'appartement se remplit d'une bonne odeur de petit-déjeuner qui ne tarde pas à réveiller Céline. Cette dernière **descend** de sa chambre en baillant, en pyjama. Elle se plante dans le canapé et demande en ronchonnant s'il y a du paracétamol quelque part dans la maison. Clara éclate de rire :

« Ta tête te fait un peu mal on dirait, dit-elle en riant.

- **Sans doute** le résultat de nos excès d'hier, ronchonne encore Céline. Ce dernier verre de rosé n'était probablement pas nécessaire !

- Tiens, voilà un médicament, bois donc un grand verre d'eau avec ça. Souviens-toi, on va au musée aujourd'hui ! dit Clara.

- Oh non ! Oh zut, non, je ne sortirai pas. Je vais **bouder** dans mon lit toute la journée, répond Céline, **maussade**.

- Hors de question : tu as vu ce beau soleil ? Et Christophe vient aussi, ajoute Clara.

- **Encore pire** ! Hors de question qu'il me voit dans cet état. Je suis lamentable, insiste Céline.

- Tu es belle comme une fleur fanée, **réplique** Clara en souriant. De l'eau, un bon café, une douche fraîche, et tout ira bien ! »

Hors de (locution prépositionnel) : out of
Personne (pronom) : nobody, no one
Se précipiter (verbe pronominal) : to hurry, to rush
Rideau (m) (nom commun) : curtain
Bouillir (verbe) : to boil
Trancher (verbe) : to slice, to cut
Descendre (verbe) : to go down
Sans doute (locution adverbiale) : no doubt, without a doubt
Bouder (verbe) : to sulk
Maussade (adjectif) : sullen, bad-tempered
Encore pire (locution adverbiale) : even worse, worse still
Répliquer (verbe) : to reply, to answer, to respond

Céline continue de **ronchonner** en regardant Clara **s'affairer** dans la cuisine. Elle ne comprend pas comment on peut être autant en forme après une telle soirée. Mais Clara ne se démonte pas : elle range, boit du café, met de la musique, fait une **machine à laver**, **étend du linge**, sort le chien, revient avec de nouvelles fleurs. Elle a l'air d'être d'une humeur extraordinaire ! C'est probablement la fin de l'année universitaire qui lui fait cet effet. Ou l'été qui arrive. Ou les deux !

Mais après deux heures à **râler**, Céline prend une douche et se sent un peu mieux. Elle se sent prête à **affronter** le monde extérieur. Avec des **lunettes de soleil**, tout de même. Les deux amies descendent les pentes en direction de chez Valentine, qui les rejoint en bas de chez elle. Et elles se dirigent

toutes les trois vers le quartier Sans Souci, où se trouve la maison des frères Lumière. Clara ne sait toujours pas à quoi s'attendre, mais elle aime bien les surprises, alors elle ne pose pas de questions.

En chemin, Céline parle avec Valentine de son Valentin. Valentine ne sait pas quoi penser : elle ne l'a jamais vu avec personne, et il n'a pas l'air **farouche** avec elle... Cependant, elle est un peu déçue et elle comprend qu'elle doit **se méfier**. Peut-être n'a-t-il pas tout dit, peut-être qu'elle s'est fait un film. Après tout, peut-être que Valentin ne sera rien de plus qu'un bon copain. Elle décide de ne pas trop y penser, mais sur la route vers le musée, elle reçoit plusieurs textos de ce Valentin, la remerciant pour la délicieuse soirée et pour lui avoir présenté ses copains. Elle ne répond pas immédiatement, mais elle ne peut pas s'empêcher d'espérer que Céline **se trompe**. Mais Céline est formelle : il a bien employé les mots « ma copine, » plusieurs fois ! Ce n'est tout de même pas **équivoque**...

Ronchonner (verbe) : to grumble
S'affairer (verbe pronominal) : to get busy
Machine à laver (f) (nom commun) : washing machine
Étendre le linge (locution verbale) : to hand out the washing
Râler (verbe) : to complain
Affronter (verbe) : to face, to confront
Lunettes de soleil (f, pl) (nom commun) : sunglasses
Farouche (adjectif) : timid, shy
Se méfier (verbe pronominal) : to be careful, to be cautious
Se tromper (verbe pronominal) : to be mistaken
Équivoque (adjectif) : ambiguous

Arrivées devant le musée, elles se posent dans le **kiosque** pour attendre les autres, qui ne tardent pas à arriver également. Puis ils se présentent à l'**accueil**. L'entrée est gratuite pour les étudiants, dix euros pour les autres. Dès l'entrée, Clara découvre des images d'anciennes photographies et de vieux **caméscopes** un peu partout. Elle comprend qu'il s'agit de cinéma.

C'est alors que Christophe lui raconte : « Le cinéma a été créé à Lyon. Si, si ! Le cinéma a été créé à Lyon par les frères Lumière ! Alors, pas vraiment l'image animée. Ça, c'était Thomas Edison. Mais le premier film à avoir été projeté en **collectif**, comme au cinéma, était à Lyon, sous la direction des frères Auguste et Louis Lumière, ingénieurs et célèbres inventeurs. Ils ont créé un appareil capable **à la fois** de capter les images et de les projeter. Le

premier fou-rire collectif devant un film a eu lieu en France, à Paris et à La Ciotat, sous la direction des ingénieurs Lumière. »

La maison musée est belle et intéressante. Passionnante, même. Clara est captivée, elle **prend des notes** et des photos, et rit devant les extraits des tout premiers films de l'histoire du cinéma : L'Arroseur arrosé, Sortie d'**usine**... En sortant du musée, elle regarde le programme : il y a une salle de projection, qui propose de visionner de vieux films. Il y a une rétrospective sur Charles Chaplin très bientôt. Elle se promet d'assister à quelques projections.

Cette belle journée se termine par un café en terrasse **au bord du** Rhône. Clara réfléchit, en marchant pour rentrer chez elle alors que Céline part chez Christophe : ce n'est pas pour rien que le festival de cinéma le plus **médiatisé** se passe en France. L'industrie du cinéma français a une très longue et riche histoire ! Comme elle reste seule à l'appartement ce soir-là, elle décide de se préparer un plateau repas tout simple, avec un thé et du chocolat en dessert, et de visionner un bon film sur le canapé, Scruffles couché à côté d'elle. Elle passe une soirée tellement **décontractée** qu'elle s'endort sur le canapé, sous une couverture. Elle se réveille le lendemain avec le soleil qui vient lui **caresser** le visage : c'est le soleil du mois de juillet.

Kiosque (m) (nom commun) : kiosk, booth, stand
Accueil (m) (nom commun) : reception, front desk
Caméscope (m) (nom commun) : camcorder, video recorder
Collectif (adjectif) : collectively
À la fois (locution adverbiale) : at the same time
Prendre des notes (locution verbale) : to take notes
Usine (f) (nom commun) : factory, plant
Au bord de (locution adverbiale) : by, beside, next to
Médiatiser (verbe) : to cover, to broadcast
Décontracté (adjectif) : relaxed, calm, serene
Caresser (verbe) : to caress, to fondle

Questions (Chapitre 10)

1. À quelle heure Clara se réveille le lendemain ?
a) À sept heures
b) À neuf heures
c) À dix heures et demie
d) À midi

2. Pourquoi Céline demande-t-elle du paracétamol ?
a) Pour se réveiller
b) Pour soulager un mal de tête
c) Pour calmer son estomac
d) Pour se sentir mieux après une nuit agitée

3. Pourquoi Céline ronchonne-t-elle en regardant Clara s'occuper dans la cuisine ?
a) Parce qu'elle est fatiguée après une longue soirée
b) Parce qu'elle ne veut pas aller au musée
c) Parce qu'elle ne veut pas faire le ménage
d) Parce qu'elle ne comprend pas comment Clara peut être si énergique

4. Que découvre Valentine en discutant avec Céline ?
a) Valentine comprend qu'elle doit se méfier de Valentin
b) Valentine réalise qu'elle est tombée amoureuse de Valentin
c) Valentine se rend compte qu'elle ne connaît pas vraiment Valentin
d) Valentine apprend que Valentin est en réalité un bon ami

5. Comment Clara termine-t-elle sa journée après son café au bord du Rhône ?
a) Elle part à une fête avec Céline
b) Elle regarde un bon film sur le canapé
c) Elle va faire du shopping
d) Elle rend visite à un ami

10. Journée entre amis et musée des frères Lumière

Le réveil sonne un peu tard sur la rue Duviard. Les filles se sont couchées encore plus tard, elles ont passé presqu'une heure à papoter sur le canapé avant d'aller rejoindre leurs chambres. Ce n'est que vers dix heures et demie que Clara glisse la tête hors de sa chambre, questionnant le salon des yeux. Personne, seulement Scruffles ! Celui-ci se précipite pour la saluer. C'est qu'il est très tard pour la petite boule de poil !

Clara ouvre grand les rideaux et les fenêtres. Puis elle change l'eau des fleurs, met de l'eau à bouillir et prépare un café. Elle tranche du pain qu'elle place dans le grille-pain. L'appartement se remplit d'une bonne odeur de petit-déjeuner qui ne tarde pas à réveiller Céline. Cette dernière descend de sa chambre en baillant, en pyjama. Elle se plante dans le canapé et demande en ronchonnant s'il y a du paracétamol quelque part dans la maison. Clara éclate de rire :

« Ta tête te fait un peu mal on dirait, dit-elle en riant.

- Sans doute le résultat de nos excès d'hier, ronchonne encore Céline. Ce dernier verre de rosé n'était probablement pas nécessaire !

- Tiens, voilà un médicament, bois donc un grand verre d'eau avec

10. A day with friends and the Lumière brothers museum

The alarm clock rings a little late on rue Duviard. The girls had gone to bed even later, having spent almost an hour chatting on the sofa before going to their rooms. It wasn't until about half past ten that Clara slipped her head out of her room, questioning the living room with her eyes. No one, just Scruffles! He rushes out to greet her. Well, it's very late for the little furball!

Clara opens the curtains and windows wide. Then she changes the water in the flowers, puts the water on to boil and makes a cup of coffee. She slices some bread and puts it in the toaster. The apartment fills with the smell of breakfast, which soon wakes Céline. Yawning, Céline comes downstairs in her pyjamas. She plants herself on the sofa and grumbles, asking if there's any paracetamol in the house. Clara bursts out laughing:

"Your head's hurting a bit, she laughs.

- No doubt the result of our excesses yesterday, Céline grumbles. That last glass of rosé was probably unnecessary!

- Here's some medicine, why don't you drink a big glass of water with

ça. Souviens-toi, on va au musée aujourd'hui ! dit Clara.

- Oh non ! Oh zut, non, je ne sortirai pas. Je vais bouder dans mon lit toute la journée, répond Céline, maussade.

- Hors de question : tu as vu ce beau soleil ? Et Christophe vient aussi, ajoute Clara.

- Encore pire ! Hors de question qu'il me voit dans cet état. Je suis lamentable, insiste Céline.

- Tu es belle comme une fleur fanée, réplique Clara en souriant. De l'eau, un bon café, une douche fraîche, et tout ira bien ! »

Céline continue de ronchonner en regardant Clara s'affairer dans la cuisine. Elle ne comprend pas comment on peut être autant en forme après une telle soirée. Mais Clara ne se démonte pas : elle range, boit du café, met de la musique, fait une machine à laver, étend du linge, sort le chien, revient avec de nouvelles fleurs. Elle a l'air d'être d'une humeur extraordinaire ! C'est probablement la fin de l'année universitaire qui lui fait cet effet. Ou l'été qui arrive. Ou les deux !

Mais après deux heures à râler, Céline prend une douche et se sent un peu mieux. Elle se sent prête à affronter le monde extérieur. Avec des lunettes de soleil, tout de même. Les deux amies

it? Remember, we're going to the museum today! says Clara.

- Oh no, we're not! Oh heck, no, I'm not going out. I'll be sulking in bed all day, replies Céline, sullenly.

- Out of the question: have you seen this beautiful sunshine? And Christophe's coming too, adds Clara.

- Even worse! I don't want him to see me like this. I'm pathetic, insists Céline.

- You're as beautiful as a wilted flower, replies Clara with a smile. Water, a good cup of coffee, a fresh shower, and everything will be fine!"

Céline continues to grumble as she watches Clara busy herself in the kitchen. She doesn't understand how anyone can be so fit after such an evening. But Clara doesn't give up: she tidies up, drinks tea, puts on music, makes a washing machine, hangs out laundry, takes the dog out, comes back with new flowers. She seems to be in an extraordinary mood! It's probably the end of the academic year. Or the coming summer. Or both!

But after two hours of grumbling, Céline takes a shower and feels a little better. She feels ready to face the outside world. With sunglasses, though. The two friends head down

descendent les pentes en direction de chez Valentine, qui les rejoint en bas de chez elle. Et elles se dirigent toutes les trois vers le quartier Sans Souci, où se trouve la maison des frères Lumière. Clara ne sait toujours pas à quoi s'attendre, mais elle aime bien les surprises, alors elle ne pose pas de questions.

En chemin, Céline parle avec Valentine de son Valentin. Valentine ne sait pas quoi penser : elle ne l'a jamais vu avec personne, et il n'a pas l'air farouche avec elle... Cependant, elle est un peu déçue et elle comprend qu'elle doit se méfier. Peut-être n'a-t-il pas tout dit, peut-être qu'elle s'est fait un film. Après tout, peut-être que Valentin ne sera rien de plus qu'un bon copain. Elle décide de ne pas trop y penser, mais sur la route vers le musée, elle reçoit plusieurs textos de ce Valentin, la remerciant pour la délicieuse soirée et pour lui avoir présenté ses copains. Elle ne répond pas immédiatement, mais elle ne peut pas s'empêcher d'espérer que Céline se trompe. Mais Céline est formelle : il a bien employé les mots « ma copine, » plusieurs fois ! Ce n'est tout de même pas équivoque...

Arrivées devant le musée, elles se posent dans le kiosque pour attendre les autres, qui ne tardent pas à arriver également. Puis ils se présentent à l'accueil. L'entrée est gratuite pour les étudiants, dix euros pour les autres. Dès l'entrée, Clara découvre des

the slopes towards Valentine's, who meets them downstairs. And the three of them head for the Sans Soucis district, where the Lumière brothers' house is located. Clara still doesn't know what to expect, but she likes surprises, so she doesn't ask any questions.

On the way, Céline talks to Valentine about her Valentin. Valentine doesn't know what to think: she's never seen him with anyone, and he doesn't seem shy with her... However, she's a little disappointed and realizes that she has to be wary. Maybe he hasn't told her everything, maybe she's imagining things. After all, maybe Valentin will be nothing more than a good friend. She decides not to think about it too much, but on the way to the museum, she receives several text messages from this Valentin, thanking her for the delightful evening and for introducing her to her buddies. She doesn't reply immediately, but she can't help hoping that Céline is wrong. But Céline is positive: he did use the words "my girlfriend," several times! That's quite a statement...

Arriving in front of the museum, they sit down in the kiosk to wait for the others, who soon arrive too. Then they go to the reception desk. Admission is free for students, ten euros for others. Upon entering, Clara discovers images of old

photographs and camcorders all over the place. She understands that it's all about cinema.

That's when Christophe tells her: "Cinema was created in Lyon. Yes, it was! Cinema was created in Lyon by the Lumière brothers! So, not really the moving image. That was Thomas Edison. But the first film to be shown collectively, as in cinema, was in Lyon, under the direction of the brothers Auguste and Louis Lumière, engineers and famous inventors. They created a device capable of both capturing and projecting images. The first collective giggle at a film took place in France, in Paris and La Ciotat, under the direction of the Lumière engineers."

The house museum is beautiful and interesting. Exciting, even. Clara is captivated, taking notes and photos, and laughing at the extracts from the very first films in the history of cinema: L'Arroseur arrosé, Sortie d'usine... On her way out of the museum, she looks at the program: there's a projection room, where you can watch old films. There's a Charles Chaplin retrospective coming up. She promises herself to attend a few screenings.

This beautiful day ends with a café on the terrace beside the Rhône. Clara reflects as she walks home, while Céline leaves for Christophe's:

part chez Christophe : ce n'est pas pour rien que le festival de cinéma le plus médiatisé se passe en France. L'industrie du cinéma français a une très longue et riche histoire ! Comme elle reste seule à l'appartement ce soir-là, elle décide de se préparer un plateau repas tout simple, avec un thé et du chocolat en dessert, et de visionner un bon film sur le canapé, Scruffles couché à côté d'elle. Elle passe une soirée tellement décontractée qu'elle s'endort sur le canapé, sous une couverture. Elle se réveille le lendemain avec le soleil qui vient lui caresser le visage : c'est le soleil du mois de juillet.

it's not for nothing that the most talked-about film festival takes place in France. The French film industry has a very long and rich history! Since she's staying at the apartment alone that evening, she decides to prepare a simple tray meal, with tea and chocolate for dessert, and watch a good film on the sofa, with Scruffles lying next to her. She has such a relaxed evening that she falls asleep on the sofa, under a blanket. She wakes up the next morning with the sun caressing her face: it's July sunshine.

Questions (Chapitre 10)

1. À quelle heure Clara se réveille le lendemain ?
a) À sept heures
b) À neuf heures
c) À dix heures et demie
d) À midi

2. Pourquoi Céline demande-t-elle du paracétamol ?
a) Pour se réveiller
b) Pour soulager un mal de tête
c) Pour calmer son estomac
d) Pour se sentir mieux après une nuit agitée

3. Pourquoi Céline ronchonne-t-elle en regardant Clara s'occuper dans la cuisine ?
a) Parce qu'elle est fatiguée après une longue soirée
b) Parce qu'elle ne veut pas aller au musée
c) Parce qu'elle ne veut pas faire le ménage
d) Parce qu'elle ne comprend pas comment Clara peut être si énergique

4. Que découvre Valentine en discutant avec Céline ?
a) Valentine comprend qu'elle doit se méfier de Valentin
b) Valentine réalise qu'elle est tombée amoureuse de Valentin
c) Valentine se rend compte qu'elle ne connaît pas vraiment Valentin
d) Valentine apprend que Valentin est en réalité un bon ami

Questions (Chapter 10)

1. At what time does Clara wake up the next day?
a) At seven o'clock
b) At nine o'clock
c) At ten-thirty
d) At noon

2. Why does Céline ask for paracetamol?
a) To wake up
b) To relieve a headache
c) To calm her stomach
d) To feel better after a restless night

3. Why does Céline grumble while watching Clara get busy in the kitchen?
a) Because she's tired after a long night
b) Because she doesn't want to go to the museum
c) Because she doesn't want to clean up
d) Because she doesn't understand how Clara can be so energetic

4. What does Valentine discover while talking with Céline?
a) Valentine realizes she needs to be wary of Valentin
b) Valentine realizes she has fallen in love with Valentin
c) Valentine realizes she doesn't really know Valentin
d) Valentine learns that Valentin is actually a good friend

5. Comment Clara termine-t-elle sa journée après son café au bord du Rhône ?
a) Elle part à une fête avec Céline
b) Elle regarde un bon film sur le canapé
c) Elle va faire du shopping
d) Elle rend visite à un ami

5. How does Clara end her day after her coffee by the Rhône?
a) She goes to a party with Céline
b) She watches a good movie on the couch
c) She goes shopping
d) She visits a friend

Bonus 1
Recette de Daube Provençale

Ingrédients

- 1,5 kg de viande de boeuf pour ragoût, coupée en cubes
- 2 oignons, finement hachés
- 4 gousses d'ail, émincées
- 2 carottes, tranchées
- 1 bouteille (750 ml) de vin rouge
- 2 tasses de bouillon de bœuf
- 2 cuillères à soupe de concentré de tomate
- 2 cuillères à soupe d'huile d'olive
- 1 bouquet garni (thym, romarin, feuilles de laurier)
- Sel et poivre selon le goût
- Zeste d'une orange (facultatif)
- Olives noires et persil frais pour la garniture (facultatif)

Élaboration

1. Dans un bol, mélanger la viande, les oignons, l'ail, les carottes et le vin rouge. Laisser mariner pendant au moins 2 heures ou toute la nuit au réfrigérateur.
2. Chauffer l'huile d'olive dans une grande casserole. Faire dorer la viande marinée de tous les côtés.
3. Incorporer le concentré de tomate, le bouillon de bœuf et le bouquet garni. Assaisonner de sel et de poivre. Facultativement, ajouter le zeste d'orange pour plus de saveur.
4. Porter le mélange à ébullition, puis réduire le feu à doux. Couvrir et laisser mijoter pendant 2 à 3 heures ou jusqu'à ce que la viande soit tendre.
5. Garnir d'olives noires et de persil frais. Servir la daube provençale sur des pâtes cuites, du riz ou du pain croustillant.

Bonus 1
Daube Provençale Recipe

Ingredients

- 1.5 kg beef stew meat, cubed
- 2 onions, finely chopped
- 4 cloves garlic, minced
- 2 carrots, sliced
- 1 bottle (750 ml) red wine
- 2 cups beef broth
- 2 tablespoons tomato paste
- 2 tablespoons olive oil
- 1 bouquet garni (thyme, rosemary, bay leaves)
- Salt and pepper to taste
- Zest of 1 orange (optional)
- Black olives and fresh parsley for garnish (optional)

Preparation

1. In a bowl, combine beef, onions, garlic, carrots, and red wine. Let it marinate for at least 2 hours or overnight in the refrigerator.
2. Heat olive oil in a large pot. Brown the marinated beef on all sides.
3. Incorporate tomato paste, beef broth, and the bouquet garni. Season with salt and pepper. Optionally, add orange zest for extra flavor.
4. Bring the mixture to a boil, then reduce the heat to low. Cover and let it simmer for 2-3 hours or until the meat is tender.
5. Garnish with black olives and fresh parsley. Serve the Daube Provençale over cooked pasta, rice, or crusty bread.

Bonus 2
Clara's Book 7 in the series
Chapter 1: Préparatifs pour l'été

Céline revient de chez Christophe en milieu de **matinée**, avec des fleurs, du café et Constance, croisée dans les escaliers. Elles trouvent Clara **confortablement** installée sur le canapé, un thé **à la main** et un livre dans l'autre main. L'**enceinte** diffuse une musique africaine douce et **reposante**. Constance prend un vase pour les fleurs, Céline prépare un café et Scruffles **fait la fête** aux deux arrivantes.

« Tu as passé une bonne soirée ? demande Clara à Céline.

- Excellente ! Film, repas, **dodo**. Christophe cuisine vraiment bien, répond-elle. Tu as des projets pour aujourd'hui ? demande-t-elle **en retour**.

- Pas vraiment, mais je me disais qu'on devrait faire des projets pour cet **été**, dit Clara. Je **veux dire**, on a déjà des projets, mais on devrait s'organiser pour les billets de train, pour que ce soit moins cher, non ? Déterminer nos dates de voyage, prévenir les gens qu'on va **voir**, faire un planning ?

- Absolument ! Il faut faire ça. On va faire ça, » dit Céline, déterminée.

Matinée (f) (nom commun) : morning
Confortablement (adverbe) : comfortably
À la main (locution adverbiale) : in hand
Enceinte (f) (nom commun) : speaker (in this context)
Reposant (adjectif) : relaxing
Faire la fête (locution verbale) : to party, to celebrate
Dodo (m) (nom commun) : sleep
En retour (locution adverbiale) : in return
Été (m) (nom commun) : summer
Vouloir dire (locution verbale) : to mean, to try to say
Voir (verbe) : to see

Céline n'est pas douée pour l'organisation mais elle **sait** que Clara a raison : les billets de train sont vite **chers** si on ne les prend pas **en avance**, surtout pendant les vacances. En fait, il est déjà un peu tard et ça va sûrement coûter un peu cher. C'est la vie ! Elles ne vont pas **renoncer** à leurs vacances pour autant. Constance, qui écoute d'une oreille, se demande quels sont les projets de l'été :

« Alors, vous allez partir ? Vous partez **quand**, vous allez où ? demande-t-elle.

- Alors, dans l'ordre : Antibes, retour à Lyon, Paris et Bruxelles, **résume** Clara.

- Génial ! s'exclame Constance. Et quand ? Je peux vous rejoindre à Paris peut-être ? Vous avez besoin d'aide pour le chien ? Je peux **arroser** vos plantes quand vous êtes absentes ?

- Pour les dates, rien n'est **figé** pour le moment, répond Céline. C'est pour ça qu'il faut qu'on en parle aujourd'hui. Avec plaisir **pour** Paris ! À Antibes, on va voir mon cousin, Adam. Tu es bienvenue aussi mais je ne suis pas sûre qu'il ait une chambre pour **toi**.

- Ah, je voudrais aller à Paris pour voir des copains, explique Constance. Ce serait l'occasion de voyager avec vous ! Mais ça dépend de vos dates. On en parle ? »

Savoir (verbe) : to know
Cher (adjectif) : expensive, costly
En avance (locution adverbiale) : in advance, ahead of time

Renoncer (verbe) : to give up, to abandon
Quand (adverbe) : when
Résumer (verbe) : to summarize
Arroser (verbe) : to water
Figé (adjectif) : set, set in stone
Pour (préposition) : to, for
Toi (pronom) : you

Le café est prêt et les **trois** amies s'installent autour de la table avec l'agenda **sous les yeux**. Alors, pour Antibes, pas besoin de prendre des billets, elles partent en famille, en voiture. D'ailleurs, elles doivent demander confirmation pour les dates exactes, mais elles savent qu'elles partent en début de semaine prochaine, pour quinze jours. La question est : **combien** de temps après partiront-elles pour Paris, et pour combien de jours. Constance propose la dernière semaine du mois de juillet. C'est un bon moment pour aller à Paris, car la plupart des Parisiens sont **en vacances** à ce moment : la ville est beaucoup plus calme ! Céline précise que c'est la même chose à Lyon : fin juillet et début août sont des mois très agréables car très calmes. Il y a beaucoup moins de **circulation**, les terrasses des bistrots ne sont pas bondées, les gens sont **détendus**.

Va pour la dernière semaine de juillet ! Céline **envoie** quelques messages, Constance également, à des amis, pour vérifier qu'ils seront bien là quand elles y seront. Clara écrit à Valentine pour voir si elle pourrait garder Scruffles pendant ce temps-là. Elle a prévu de prendre le petit chien **avec** elle quand ils iront à Antibes, mais elle ne pense pas que ce soit une bonne idée de l'emmener à Paris.

Quand tout est fixé, quand les amis ont répondu et quand Valentine s'est engagée à **garder** la boule de poils, Céline allume son ordinateur pour chercher les billets de train. Lyon – Paris, direct, en **TGV**.

Trois (adjectif) : three
Sous les yeux (locution adverbiale) : in front of your eyes
Combien (adverbe) : how many, how much
En vacances (locution adjectivale) : on vacation, on leave
Circulation (f) (nom commun) : traffic
Détendu (adjectif) : relaxed, calm
Envoyer (verbe) : to send
Avec (préposition) : with

Garder (verbe) : to keep, to take care of
TGV (m) (nom commun) : high-speed-train

« **La vache !** s'exclame-t-elle. C'est déjà super cher !

- C'est combien, fait voir, demande Constance. Soixante-dix euros pour l'aller ! En effet, c'est super cher l'**aller-retour**... Enfin, si on attend plus longtemps, ça va encore **augmenter**.

- C'est comme les billets d'avion ? demande Clara. Ça augmente avec le temps ?

- Oui, la SNCF ça marche comme ça... C'est très énervant, mais on n'a pas bien le choix, explique Céline. Allez, on prend les billets **quand même** ? »

Les cartes bleues sont sorties et Constance s'occupe de la réservation. Elle paye pour les trois billets et les filles lui font un **virement** pour la rembourser. Trois billets en seconde classe pour Paris, Gare de Lyon, tôt le matin, « comme ça on peut profiter de la première journée, » ajoute Constance. Constance prend également son billet de retour. Clara et Céline vont partir en Belgique à la fin de leur **séjour** à Paris, alors elles cherchent les dates et les billets de train pour un direct Paris – Bruxelles, puis les billets retour de Bruxelles à Lyon.

Voilà ! Tous les billets sont **réservés**. Les filles ont **dépensé** beaucoup d'argent pour ces billets, mais elles savent que **ça vaut le coup**. Clara rêve déjà de Paris. Elle s'absente dans l'après-midi pour aller à la librairie du quartier, pour acheter un guide touristique de Paris. Elle va lire un maximum de choses sur l'histoire de la ville et **se renseigner** sur les quartiers les plus sympa, les incontournables, les cafés et les bistrots réputés et les promenades à faire. Elle voudrait que ce premier séjour à Paris soit **inoubliable** ! Pendant ce temps, Constance et Céline jouent aux échecs. Ça sent clairement l'été et les vacances ! Repos, jeux, thé et lecture. Même Scruffles **a l'air** plus détendu !

La vache ! (expression) : holy cow!
Aller-retour (m) (nom commun) : round trip
Augmenter (verbe) : to increase
Quand même (locution adverbiale) : still, anyway
Virement (m) (nom commun) : wire transfer
Séjour (m) (nom commun) : stay

Réservé (adjectif) : booked, reserved
Dépenser (verbe) : to spend
Ça vaut le coup (expression) : it's worth it
Se renseigner (verbe pronominal) : to inquire
Inoubliable (adjectif) : unforgettable
Avoir l'air (locution verbale) : to look, to seem

Questions (Bonus 2)

1. De quoi discutent Clara et Céline à propos des projets de l'été ?
a) Leur prochaine destination
b) Les billets de train et les dates de voyage
c) Les films à regarder
d) Les cours d'été

2. Constance propose d'aider Clara et Céline avec quoi ? (Plusieurs réponses possibles)
a) Les billets de train
b) Arroser les plantes
c) Organiser les vacances
d) Garder le chien pendant leur absence

3. Où envisagent d'aller Clara et Céline pendant l'été ?
a) À Paris
b) À Bruxelles et Antibes
c) À Antibes, Paris et Bruxelles
d) À Antibes et Paris

4. Comment les filles iront-elles à Antibes ?
a) En voiture
b) En train
c) En avion
d) En bateau

5. Que fait Clara après avoir réservé leurs billets de train pour Paris ?
a) Elle joue aux échecs avec Céline
b) Elle se rend à la librairie pour acheter un guide touristique
c) Elle fait des recherches sur les hôtels à Paris
d) Elle appelle ses parents pour partager les plans de voyage

(Bonus 2)

1. Préparatifs pour l'été

Céline revient de chez Christophe en milieu de matinée, avec des fleurs, du café et Constance, croisée dans les escaliers. Elles trouvent Clara confortablement installée sur le canapé, un thé à la main et un livre dans l'autre main. L'enceinte diffuse une musique africaine douce et reposante. Constance prend un vase pour les fleurs, Céline prépare un café et Scruffles fait la fête aux deux arrivantes.

« Tu as passé une bonne soirée ? demande Clara à Céline.

- Excellente ! Film, repas, dodo. Christophe cuisine vraiment bien, répond-elle. Tu as des projets pour aujourd'hui ? demande-t-elle en retour.

- Pas vraiment, mais je me disais qu'on devrait faire des projets pour cet été, dit Clara. Je veux dire, on a déjà des projets, mais on devrait s'organiser pour les billets de train, pour que ce soit moins cher, non ? Déterminer nos dates de voyage, prévenir les gens qu'on va voir, faire un planning ?

- Absolument ! Il faut faire ça. On va faire ça, » dit Céline, déterminée.

Céline n'est pas douée pour

(Bonus 2)

1. Getting ready for summer

Céline returns from Christophe's mid-morning with flowers, coffee and Constance, whom she met on the stairs. They find Clara comfortably seated on the sofa, tea in one hand and a book in the other. The speaker plays soft, relaxing African music. Constance picks up a vase for the flowers, Céline prepares a coffee and Scruffles parties with the two arrivals.

"Did you have a good evening? Clara asks Céline.

- Excellent! Movie, dinner, bed. Christophe cooks really well, she replies. Do you have any plans for today?

- Not really, but I was thinking we should make plans for this summer, says Clara. I mean, we've already got plans, but we should make arrangements for train tickets, so it's cheaper, right? Figure out our travel dates, tell the people we're going to see, make a schedule?

- Absolutely! We have to do that. We'll do that," says Céline, determined.

Céline isn't much of an organizer, but

l'organisation mais elle sait que Clara a raison : les billets de train sont vite chers si on ne les prend pas en avance, surtout pendant les vacances. En fait, il est déjà un peu tard et ça va sûrement coûter un peu cher. C'est la vie ! Elles ne vont pas renoncer à leurs vacances pour autant. Constance, qui écoute d'une oreille, se demande quels sont les projets de l'été :

« Alors, vous allez partir ? Vous partez quand, vous allez où ? demande-t-elle.

- Alors, dans l'ordre : Antibes, retour à Lyon, Paris et Bruxelles, résume Clara.

- Génial ! s'exclame Constance. Et quand ? Je peux vous rejoindre à Paris peut-être ? Vous avez besoin d'aide pour le chien ? Je peux arroser vos plantes quand vous êtes absentes ?

- Pour les dates, rien n'est figé pour le moment, répond Céline. C'est pour ça qu'il faut qu'on en parle aujourd'hui. Avec plaisir pour Paris ! À Antibes, on va voir mon cousin, Adam. Tu es bienvenue aussi mais je ne suis pas sûre qu'il ait une chambre pour toi.

- Ah, je voudrais aller à Paris pour voir des copains, explique Constance. Ce serait l'occasion de voyager avec vous ! Mais ça dépend de vos dates. On en parle ? »

she knows that Clara is right: train tickets are expensive if you don't book them in advance, especially during the vacations. In fact, it's already a bit late and it's bound to cost a bit more. But that's life! But they're not about to give up their vacation. Constance, listening with one ear, wonders what the summer plans are:

"So, are you going away? When and where are you going? she asks.

- So, in order: Antibes, back to Lyon, Paris and Brussels, Clara sums up.

- Great! exclaims Constance. But when? Maybe I can join you in Paris? Do you need help with the dog? Can I water your plants when you're away?

- As for the dates, nothing's set in stone yet, replies Céline. That's why we need to talk about it today. I'd love to come to Paris! In Antibes, we're going to see my cousin Adam. You're welcome too, but I'm not sure there's a room for you.

- Ah, I'd like to go to Paris to see some friends, explains Constance. It would be a great opportunity to travel with you! But it depends on your dates. Shall we talk about it?"

Le café est prêt et les trois amies s'installent autour de la table avec l'agenda sous les yeux. Alors, pour Antibes, pas besoin de prendre des billets, elles partent en famille, en voiture. D'ailleurs, elles doivent demander confirmation pour les dates exactes, mais elles savent qu'elles partent en début de semaine prochaine, pour quinze jours. La question est : combien de temps après partiront-elles pour Paris, et pour combien de jours. Constance propose la dernière semaine du mois de juillet. C'est un bon moment pour aller à Paris, car la plupart des Parisiens sont en vacances à ce moment : la ville est beaucoup plus calme ! Céline précise que c'est la même chose à Lyon : fin juillet et début août sont des mois très agréables car très calmes. Il y a beaucoup moins de circulation, les terrasses des bistrots ne sont pas bondées, les gens sont détendus.	The coffee is ready and the three friends settle down around the table with the agenda in front of them. So, for Antibes, there's no need to buy tickets - they're leaving with their families, by car. They'll have to ask for confirmation of the exact dates, but they know they'll be leaving early next week, for a fortnight. The question is: how soon after that will they leave for Paris, and for how many days? Constance suggests the last week of July. It's a good time to go to Paris, as most Parisians are on vacation at that time: the city is much quieter! Céline points out that it's the same in Lyon: late July and early August are very pleasant months because they're so quiet. There's a lot less traffic, the bistro terraces aren't crowded and people are relaxed.
Va pour la dernière semaine de juillet ! Céline envoie quelques messages, Constance également, à des amis, pour vérifier qu'ils seront bien là quand elles y seront. Clara écrit à Valentine pour voir si elle pourrait garder Scruffles pendant ce temps-là. Elle a prévu de prendre le petit chien avec elle quand ils iront à Antibes, mais elle ne pense pas que ce soit une bonne idée de l'emmener à Paris.	So much for the last week of July! Céline sends a few messages, as does Constance, to friends, to make sure they'll be there when they get there. Clara writes to Valentine to see if she could look after Scruffles during that time. She plans to take the little dog with her when they go to Antibes, but she doesn't think it's a good idea to take him to Paris.
Quand tout est fixé, quand les amis	When everything's settled, when the

ont répondu et quand Valentine s'est engagée à garder la boule de poils, Céline allume son ordinateur pour chercher les billets de train. Lyon – Paris, direct, en TGV.

« La vache ! s'exclame-t-elle. C'est déjà super cher !

- C'est combien, fait voir, demande Constance. Soixante-dix euros pour l'aller ! En effet, c'est super cher l'aller-retour... Enfin, si on attend plus longtemps, ça va encore augmenter.

- C'est comme les billets d'avion ? demande Clara. Ça augmente avec le temps ?

- Oui, la SNCF ça marche comme ça... C'est très énervant, mais on n'a pas bien le choix, explique Céline. Allez, on prend les billets quand même ? »

Les cartes bleues sont sorties et Constance s'occupe de la réservation. Elle paye pour les trois billets et les filles lui font un virement pour la rembourser. Trois billets en seconde classe pour Paris, Gare de Lyon, tôt le matin, « comme ça on peut profiter de la première journée, » ajoute Constance. Constance prend également son billet de retour. Clara et Céline vont partir en Belgique à la fin de leur séjour à Paris, alors elles cherchent les dates et les billets de train pour un direct Paris – Bruxelles, puis les billets retour de Bruxelles à

friends have replied and Valentine has agreed to keep the fur ball, Céline turns on her computer to look for the train tickets. Lyon - Paris, direct, by TGV.

"Holy cow! she exclaims. It's already super expensive!

- How much is it? asks Constance. Seventy euros one way! That's right, it's super expensive both ways... Well, if we wait any longer, it'll go up again.

- Is it like plane tickets? asks Clara. Does it increase with time?

- Yes, that's how the SNCF works... It's very irritating, but we don't have much choice, explains Céline. Come on, let's get the tickets anyway!"

The credit cards are out and Constance takes care of the booking. She pays for the three tickets and the girls make a transfer to reimburse her. Three second-class tickets to Paris, at Lyon's station, early in the morning, "so we can enjoy the first day," adds Constance. Constance also picks up her return ticket. Clara and Céline will be leaving for Belgium at the end of their stay in Paris, so they are looking for dates and train tickets for a direct trip from Paris to Brussels, then return tickets from Brussels to Lyon.

Lyon.

Voilà ! Tous les billets sont réservés. Les filles ont dépensé beaucoup d'argent pour ces billets, mais elles savent que ça vaut le coup. Clara rêve déjà de Paris. Elle s'absente dans l'après-midi pour aller à la librairie du quartier, pour acheter un guide touristique de Paris. Elle va lire un maximum de choses sur l'histoire de la ville et se renseigner sur les quartiers les plus sympa, les incontournables, les cafés et les bistrots réputés et les promenades à faire. Elle voudrait que ce premier séjour à Paris soit inoubliable ! Pendant ce temps, Constance et Céline jouent aux échecs. Ça sent clairement l'été et les vacances ! Repos, jeux, thé et lecture. Même Scruffles a l'air plus détendu !

That's it! All the tickets are booked. The girls have spent a lot of money on these tickets, but they know it's worth it. Clara is already dreaming of Paris. She takes the afternoon off to go to the local bookshop and buy a tourist guide to Paris. She's going to read as much as she can about the city's history and find out about the nicest neighborhoods, the must-sees, the famous cafés and bistros and the walks to take. She wants her first stay in Paris to be unforgettable! Meanwhile, Constance and Céline are playing chess. It clearly feels like summer and vacation! Rest, games, tea and reading. Even Scruffles looks more relaxed!

Questions (Bonus 2)

1. De quoi discutent Clara et Céline à propos des projets de l'été ?
a) Leur prochaine destination
b) Les billets de train et les dates de voyage
c) Les films à regarder
d) Les cours d'été

2. Constance propose d'aider Clara et Céline avec quoi ? (Plusieurs réponses possibles)
a) Les billets de train
b) Arroser les plantes
c) Organiser les vacances
d) Garder le chien pendant leur absence

3. Où envisagent d'aller Clara et Céline pendant l'été ?
a) À Paris
b) À Bruxelles et Antibes
c) À Antibes, Paris et Bruxelles
d) À Antibes et Paris

4. Comment les filles iront-elles à Antibes ?
a) En voiture
b) En train
c) En avion
d) En bateau

5. Que fait Clara après avoir réservé leurs billets de train pour Paris ?
a) Elle joue aux échecs avec Céline
b) Elle se rend à la librairie pour acheter un guide touristique
c) Elle fait des recherches sur les hôtels à Paris

Questions (Bonus 2)

1. What are Clara and Céline discussing about summer plans?
a) Their next destination
b) Train tickets and travel dates
c) Movies to watch
d) Summer courses

2. What does Constance offer to help Clara and Céline with? (Multiple answers possible)
a) Train tickets
b) Watering the plants
c) Organizing the vacation
d) Taking care of the dog while they're away

3. Where do Clara and Céline plan to go during the summer?
a) To Paris
b) To Brussels and Antibes
c) To Antibes, Paris, and Brussels
d) To Antibes and Paris

4. How will the girls travel to Antibes?
a) By car
b) By train
c) By plane
d) By boat

5. What does Clara do after booking their train tickets to Paris?
a) She plays chess with Céline
b) She goes to the bookstore to buy a tourist guide
c) She researches hotels in Paris
d) She calls her parents to share the

d) Elle appelle ses parents pour travel plans partager les plans de voyage

Answers

Chapter 1
1 : b
2 : c
3 : c
4 : b
5 : a

Chapter 2
1 : a
2 : b
3 : c
4 : d
5 : b

Chapter 3
1 : a
2 : c
3 : b
4 : d
5 : b

Chapter 4
1 : a
2 : d
3 : d
4 : c
5 : a, c

Chapter 5
1 : d
2 : b
3 : b
4 : a
5 : c

Chapter 6
1 : b
2 : a
3 : d
4 : b
5 : d

Chapter 7
1 : c
2 : c
3 : b
4 : b
5 : a

Chapter 8
1 : a
2 : c
3 : d
4 : c
5 : b

Chapter 9
1 : a
2 : c
3 : c
4 : b, c, d
5 : d

Chapter 10
1 : c
2 : b
3 : d
4 : a
5 : b

Bonus 2 - Chapter 1
1 : b
2 : b, d
3 : c
4 : a
5 : b

Download the Audiobook & PDF below!

www.ingramcontent.com/pod-product-compliance
Lightning Source LLC
Chambersburg PA
CBHW072057110526
44590CB00018B/3215